ラク〜に生きたい
アナタへの人生相談

精神科医・香山リカの
わかりみが深い
ココロの話

白夜書房

まえがき

「『懸賞なび』という懸賞情報誌の〝お悩み相談〟の回答者をやりませんか？」

知り合いの編集者さんからそんなメールが来て、私は即、「やりたいです！」と言ってしまいました。

なぜでしょうか。編集者さんから「懸賞に当たるコツ」を教えてもらえる、と思ったからでしょうか。違います。

「懸賞に当たればいいなあ。どんな懸賞があるのかな」とちょっとした喜びや夢を持ちながら生活している人が、どんなお悩みを持っているのか。それにとても興味があったからです。そして、その人たちにうまく回答が返せたらいいな、と思ったからです。

私は精神科医という仕事をしています。診療所に行くと、待合室には前から通ってる患者さん、その日、新しくやってきた患者さんがたくさん座っていて、時間になると「次の方どうぞ」と部屋に呼び入れます。

もちろん、その中には重い心の病になってしまった方、とても大きなストレスを抱えた方もいます。ただ、けっこうな割合で「ちょっとした工夫でもう少しラクに過ごせるはずなんだけどなあ」という人もいるのです。たとえば、好きなアイドルにハマってみるとか、連続ドラマの世界にどっぷりつかるとか、そんな小さな喜びを生活の中に取り入れるだけでストレス解消、悩みは解決。そんなこともあると思うのです。宝くじや懸賞なんかもいいんじゃないかな、と思います（ただ、診察室で突然、「『懸賞なび』って知ってますか？　ここにある懸賞に応募して」などと言うとアヤシまれますから、そこまではしません）。

毎月、ハガキやメールで寄せられるお悩みを見て、私は「なるほど」

とうなずきました。懸賞で少しでも生活にうるおいを、と願う人たちは、やっぱりその背後にいろいろとストレスを抱えているのです。家族の問題、仕事のこと、お金や健康について悩んでいる人もいます。そして、「まあいいや」とか「いつかなんとかなるだろう」ではなくて、真剣に「なんとかしたい」と思っているようです。

短いコーナーですから、長い回答はできません。私は毎回、その人たちのお悩みに「よくわかります」とまず寄り添い、「悩むのはあなたが悪いからではありません」と重荷が少しでも軽くなるようにいくつかの言葉をかけるようにしましたが、たいていはそこで字数が尽きてしまいます。「なんだかこれじゃあ専門家っぽくないな」と思うこともありますが、相談者さんから「おかげさまで気持ちがラクになりました」というハガキが届いたこともあり、「これでいいのかな」と自分に言い聞かせてます。

そして、だんだんこんなことを思うようになりました。

――悩むことができる人は、やさしくてまじめで、人生に誠実に向かい合ってる人たち。

さて、それではどんなお悩みがあったのでしょう。そして、毎回、ちょっと苦労しながら私はどんな風にその人たちに寄り添うようにしたのでしょう。

それをどうぞお読みください。

もくじ

まえがき……2
第1の部屋　父よ！　母よ！　家族がツライよ　親族のお悩み……11
お姑さんと親戚とのつき合いが苦痛です　42歳・女性……12
私だけが介護をしていて疲れます　39歳・女性……16
義母がなかなか掃除してくれません　30代・女性……20
居場所がなくなる不安があります　47歳・女性……24
母が頭痛に悩まされています　年齢不詳女性……28
引きこもりの弟と介護がツライ　40代女性……32
実母の老々介護が心配です　35歳・女性……36
「勉強しなさい」と口うるさく言ってしまう　40代女性……40
実家の父親がネトウヨ化しました。　40代女性……44
老いた父親にお金を無心される　40代女性……48
親戚の物言いや態度がひどい　50歳・女性……52

第2の部屋　結婚！　運命！　ネトスト！
恋って苦しいね　恋愛のお悩み……57
元彼のSNSを見るのがやめられない　48歳・女性……58
運命の人と出会いたい　42歳・女性……62
マンガ家と結婚したい！　50代女性……66
結婚に反対される　20代女性……70
親が婚活に口を出してくる　33歳・女性……74
精神科のお医者さんと結婚したい！　49歳・女性……78
第3の部屋　上司！　新入社員！
言うこと聞いてちょーだい　職場のお悩み……83
注意や忠告を素直に聞いてくれない人が多くてツライです　31歳・女性……84
上司でない人に注意される　40歳・女性……88
新入社員に関わらないようにと注意されました　48歳・女性……92

第4の部屋　ママ友！　友人！　ヘルパーさん
私が悪いのでしょうか？　人間関係のお悩み　97
大人数になると私に冷たくなるママ友　40代女性　98
友人が「しつこい人」に変化しました　40代女性　102
ヘルパーさんが横柄になってきた　82歳・女性　106
映画やイベント・ゲームなどのネタバレしがちな友人　40代女性　110

第5の部屋　私はどこ？　そして何者？
私を連れて進め　自分自身のお悩み　115
過去のイヤなことが忘れられない　42歳・女性　116
何もかも面倒になってしまう　30代男性　120
食事を作りすぎてしまう　40代女性　124
人の名前や顔が覚えられない　60代女性　128
超・アナログ人間です　36歳・女性　132
自分の心の狭さに悩んでいます　31歳・女性　136

年齢を理由にプロを諦めるべきかどうか　72歳・男性……140
働きたくない主婦です。　44歳・女性……144
昔はよかったと思ってしまいます　32歳・女性……148
片づけができなくて困っています　47歳・女性……152
アラフィフなのにルッキズムがツライ　48歳・女性……156
発達障害と診断されました　36歳・男性……160
うつになる前の自分に戻りたい　37歳・主婦……164
怒りをうまくコントロールできず大声を出したりします　30歳・女性……168
人生がつらいことばかりです　36歳・女性……172
香山リカよりみなさまへ　わかりみが深いココロのお話……176
あとがき……188

第1の部屋

父よ！　母よ！
家族がツライよ
親族のお悩み

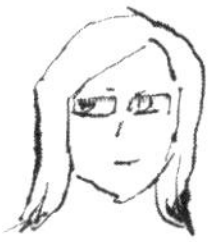

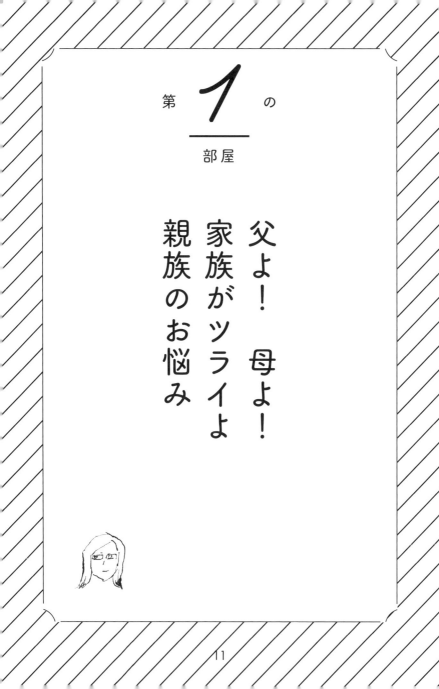

お悩み

お姑さんと親戚とのつき合いが苦痛です

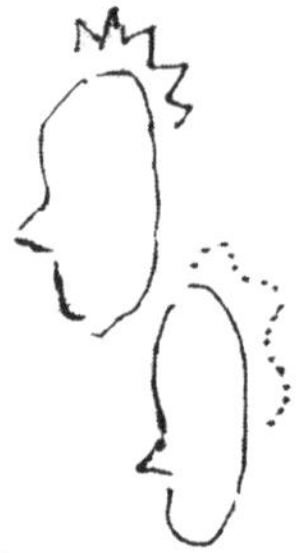

42歳女性。2人の小学生の子供がいます。近所に主人の両親が住んでいて、毎日のようにお姑さんが料理や野菜を持ってきたり、様子を見に来ます。電話でもしょっちゅう手伝いなどを頼まれます。近くに親戚も住んでおり、頻繁に呼び出されたり、毎日干渉されて苦痛です。

（新潟県・S）

オンラインではいかがでしょうか？

夫の両親、特に姑の干渉。昔からのテーマだし、いまだに解決しない問題です。「ええっ、いまだに!?」と思う人もいるかもしれませんが、私がつとめる都会（東京都千代田区）の診療所にも、「姑が〝2番目の子供は来年がいいわね〟など口出ししてきてたまらない」といった悩みでやって来る女性もいます。

相談者さんは新潟に住んでいるようですが、以前、新潟の郡部に行った時、「このあたりは選挙の投票先も義理親が指図する」という話を聞いたことがあります。「でも誰に投票したかわかりませんよね」と言うと、「いえいえ、投票所の係員も義理親の知り合いなので、鉛筆の動かし方をチェックされ、〝だれだれの嫁はあの候補者に入れた〟と丸わかりなんです」とのこと。民主主義も21世紀もあったものじゃありませんね。

これ、本来は夫が親に「お母さん、自分たちは独立した家族なんだから、あまり干渉しないで」と言えればそれですむ話かもしれません。でも、夫もきっと親の言うことを聞くやさしい人だし、相談者さんも夫思い、親思いの気づかいの人なんでしょう。「やさしい」って最大の長所なはずですが、つくづく損な性分でもありますよね。

でも、今はその「やさしさ」を逆手に取ることもできます。そう、「お会いしたいんですけど、万が一お母さんにコロナをうつしたくないから今は遠慮したい」と言うのです。「私はそんなの気にしないよ」と姑が言ったら、「ほら、安倍総理も〝親に会うのをがまんしてオンライン帰省で〟と言ってるじゃないですか」と返せばオーケー。新型コロナで新しい生活様式も奨励されているように、これは「ストレスになる人間関係から身を遠ざけてもいいんです」という天からのメッセージのような気がします。「コロナのせいにするのは不謹慎」とためらわずに、「今は距離を取るのが思いやり」と堂々と伝えてください。

わかりみ

今は距離を取るのが思いやり

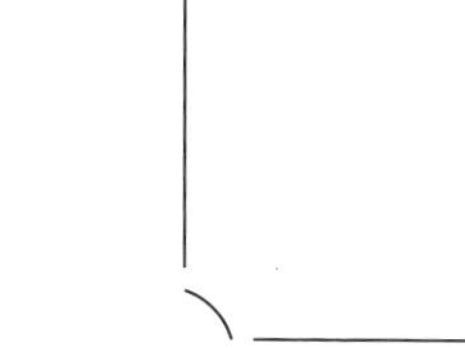

※ 2020 年 5 月掲載

Q

お悩み

私だけが介護をしていて疲れます

39歳独身のパート勤務の女性。数年前から60代の母を在宅介護しています。兄妹もいるのに、私だけが介護を担当していて疲れます。また、気分転換をすると兄妹に責められます。母自身も私にだけ「わがまま放題」です。仕事と介護の両立や結婚など、今後のことを考えてしまいます。どうしたらよいのでしょうか？

（K県・みかん）

使えるものはなんでも使いましょう

介護、たいへんですよね。診察室にも介護が原因でうつ病になった人がたくさん来ます。そういう人には必ず2つのアドバイスをします。

1つめは、「介護保険サービスや友人、知人、使えるものはなんでも使いましょう」。なぜか日本にはいまだに「親の介護は子どものつとめ」という感覚が根強く、使えるサービスも遠慮している人が多いのです。ケアマネさんに「仕事があるのでムリです!」と粘ってみると、何かアイデアが出てくるかもしれません。「ホントは娘の私がやるべきなんだけど」と自分の心に罪悪感を持っていると、友達から「ちょっと手伝おうか」と声がけがあっても断りがち。とにかく「誰かにもっと頼めないかな？」といつも周囲を見わたす、というのがコツです。頼んでよいのです。

そしてもう1つは、「自分の時間をしっかりキープして」ということ。私の患者さんでヘルパーが来てくれている時も家でじっとしている、という人がいました。「どうして？　そういう時間こそ、自分のために使いましょうよ。ちょっとおしゃれして短時間でも外食に出かけたり友だちとお茶したり」と言ったのですが、返ってきた言葉はやっぱり「申し訳なくて」。

介護に限らず、家族や会社がどんなにたいへんな時でも、「自分のために使う時間」は絶対に大切です。美容院に行く、プールでひと泳ぎ、録画していたドラマを見てうっとり。なんでもいいし、短時間でいいのです。「この時間は私だけのもの」というひとときを確保するのは、自分のためだけではなく、実は介護している家族のためにもプラスになるのです。いつも疲れきって暗い顔をした人がため息をつきながら着替えや食事の世話をしてくれるのではなく、ちょっと明るさを取り戻した人が気持ちよくサクサクと介護してくれるのですから。

そして、忘れてほしくないのは、いつ終わるか先が見えない介護にも、いつか終わりが来て、あなたの人生はそれからも続くということ。介護ですっかり燃えつきてしまわないよう、「その先の人生」もしっかり見すえておいてくださいね。

わかりみ

息抜きは家族のためにもプラスです

お悩み

義母がなかなか掃除してくれません

30代のパート女性。同居している70代の義母が、物が多い自分の部屋を掃除してくれませんが、嫁の私には「もっと掃除してよ」と言ってきます。旦那から言ってもらってもまったく掃除しません。どうしたら掃除してくれるのでしょう？

（岐阜県・キリン）

掃除込みのイベントを計画してみては？

お義母さんと同居。それだけでも「立派、すごい」と思います。いまどきの人たちが何より大切にするのは、プライバシー。私の知り合いの牧師さんは、「これまで教会のとなりの牧師住宅に住んでいたんだけど、プライバシーが保てないので一家でマンションに引っ越した」と言っていました。牧師さんなら教会の敷地に住んでほしいな、とちょっと思いましたが、時代がそうなっているのです。

そんな時にも一緒に暮らしてくれるあなたに、お義母さんは「もっと掃除してよ」と言うのですね。しかも、自分の部屋は掃除しようとしない。それはいけませんね。なんとかしてモチベーションを上げて、掃除していただきましょう。

私がこれまで見た中で「いいな」と思った方法は、「掃除するとこんなスペシャルなことがある」と思わせる作戦です。「雑誌で読んだのですが、掃除したお部屋で飲むほうじ茶って最高にこころを落ち着かせてくれるんですって。今度の日曜日は掃除デーにして、夕方にほうじ茶をいただいてみましょうよ」などと言って、掃除込みのイベントを計画するのです。「掃除してきれいな部屋で着替えして、それからみんなでドライブ」なんていうのもいいかも。とにかく「掃除をすると楽しいことが待っている」という雰囲気を何度か作れば、お義母さんの頭の中から、掃除に対しての「面倒、つまらない、疲れる」といったマイナスイメージが少しは消えるはずです。

とはいえ、私も掃除が大の苦手。だからふだんはほんとに身のまわりだけにして、あとは楽しい予定がある時に「さあ、掃除が終わればあれが待っている!」と無理やりテンションをあげてやることにしてます。でもこれ、けっこう効果的なんですよ。「義母と同居だなんて、私ってエライ!」と自分をほめながら、「さあ、お義母さん、今日も掃除してそのあとお茶会しましょ」と嫁スマイルで背中を押す。ちょっとやってみてください。

わかりみ

さあ、掃除が終わればあれが待っている!

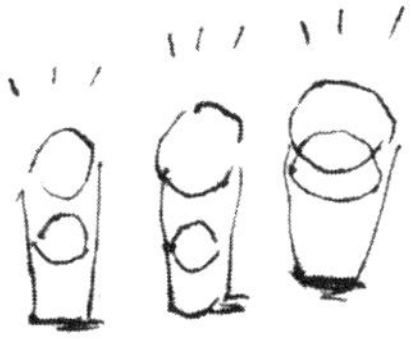

お悩み

居場所がなくなる不安があります

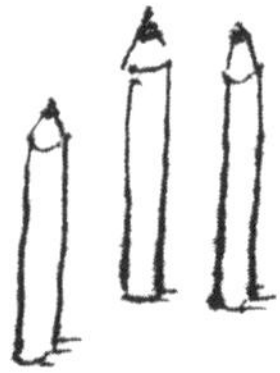

47歳女性。私たち夫婦には子供がいませんが、義兄夫婦には20代半ばの息子さんがいます。その息子さんに子供が生まれたら、私は肩身のせまい思いをするのではないか？　私の居場所がなくなるのではないかと先のことを考え過ぎてしまいます。気持ちの持ちようを教えてください。

（神奈川県・M）

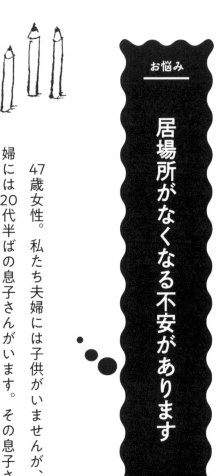

日替わりでココロの居場所を作りましょう

「私の居場所がなくなるのでは」という不安。私にもちょっとわかります。私にも子供がおらず、弟夫婦には利発な娘がいるので、身内のあいだでは当然、その子への期待が高まってます。私も便乗して「〇ちゃんがいるから安心ねー」などと言っているのですが、その一方で「私ってもう必要ないのかな」などと、ふと思ってしまうのです。

……と、他人の話として聞くと、どうでしょう。きっとあなたは私に、「自分の居場所や価値って子どもで決まるわけじゃない。自分自身の問題でしょ！」と言いたくなるのではないでしょうか。そうなのです。冷静に考えると「自分の居場所を作るのは他人じゃなくて自分」なのに、すぐに「誰も居場所を作ってくれない……」と思いそうになるんですよね。

それに気づいたので、私は50代になってから、居場所をあちこちに作ろうとし始めました。「もうトシだから」と思わずに趣味の教室に行ったり、ラジオで英会話を始めてみたり。もちろんそんなことをしても「ここが私の居場所だったのね！」とすぐにハマることはできず、「やっぱりダメだ」とガッカリすることも多いでしょう。でもそのときは、「さあ、次に行ってみよう」と別のものを探し始めるのです。「これも続かない私はダメだな」と自分を責めることは絶対にしない。これがコツです。

それに、居場所はガッツリ一カ所に固定する必要はないんですよ。月曜と火曜は書道のけいこ、水曜と木曜はジョギング、週末はお菓子づくりに夫と外食、と日替わりで心の居場所を作ってもいいじゃないですか。実は私もそうしてます。〝居場所わたり鳥〟ですね。

とくに女性は50代にさしかかるくらいに、「私ってこれまで何をしてきたの?」と人生を振り返り、「何ものこしていない!居場所がない!」とあせった気持ちになるものです。そんなときはくれぐれも「私がダメだから」と落ち込まず、「私なりにたいへんな中、よくここまでやって来たよ」と自分をほめておだてて、「さて、これから何をして楽しもう」と思ってください。私も、これからも自分のことを棚にあげて、残りの人生を楽しみます!

わかりみ

さて、これから何をして楽しもう

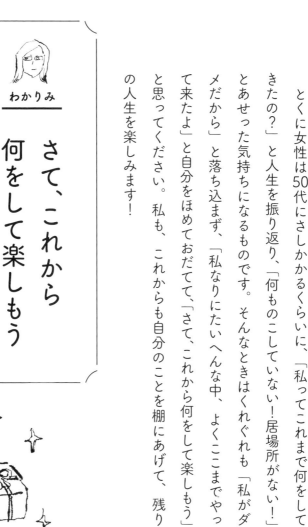

お悩み

母が頭痛に悩まされています

私の母が「頭が痛い」と言っています。脳神経外科を受診してCTを撮っても「異常なし」と言われました。それでも痛みはあるようで、その痛みからか気が弱くなって、涙もろく、ちょっとしたことでもすぐに泣いてしまうような状態です。薬を飲んでも効果がなくて、困っています。

（長野県・I）

うつ病の原因にもなるので頭痛はきちんと診断をしてもらいましょう

頭痛で悩んでいる人、多いですね。実はひとことで「頭痛」と言っても、原因がいろいろで、それによって治療法も違うのです。頭痛にはクモ膜下出血のような緊急の病気のサインの場合もあるのですが、多くは「そこまで緊急性はなくて、ダラダラと長く続く」という慢性頭痛です。そしてこの慢性頭痛には、大きく分けて「片頭痛タイプ」と「緊張型頭痛タイプ」があります。「片頭痛」というのは、脳の表面を走る血管が広がり、神経が引っ張られて痛くなるもの。一方の「緊張型頭痛」は、頭の外側についている筋肉の痛み、つまり〝頭のコリ〟の痛みといえます。

では、どうやってこの２つのタイプを見分ければよいのでしょう。片頭痛の多くは頭の右か左の片側に偏っていて、ズキンズキンと脈打つように痛みます。吐き気や目の奥の痛みがともなう場合もあります。それに対して緊張型頭痛は、頭全体がズーンと重くなり、「鍋かお釜をかぶせられたように痛い」と表現する人が多いです。

どちらにしてもつらい痛みですが、今は片頭痛には特効薬がありますす。でもこれは薬局では売っていないので、医者に行って出してもらう必要があります。緊張型頭痛では薬局の鎮痛剤もある程度は効きますが、いちばん必要なのは〝こり〟をほぐすことです。いちばん効果があるのは、首のうしろに温めたおしぼりを乗せたり、ネットで「頭痛体操」というのを検索してそれをやることです。さて、お母さんの頭痛はどちらのタイプでしょうね。脳神経外科ではCTで「異常なし」と言われたそうですが、神経内科か、近くにそれがなければ心療内科でも頭痛のタイプを判定してくれるはず。

こころの悩み相談からちょっとはずれてしまいましたが、頭痛が原因でうつ病になる人も少なくないのです。きちんと診断してもらい、治療を受ければ頭痛は必ず軽くなります。あきらめずに診てもらってください。

わかりみ

頭痛はタイプに合わせた対策が必要

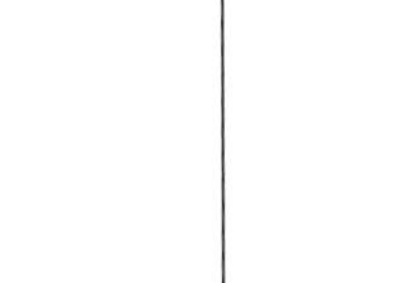

お悩み

引きこもりの弟と介護がツライ

40代の無職女性。両親の介護中です。最初の頃は、引きこもりの弟も手伝ってくれたのに、次第に意見が合わなくなり、前よりも仲が悪くなりました。それから弟の様子がおかしくなり、毎日イライラして大声を出したり部屋で暴れたりします。どう対処したらよいのでしょう？

（島根県・ラピス）

あなたがもっとワガママになっていいんですよ

ご両親の介護をしながら引きこもりの弟さんの心配をしているあなたは、なんてやさしい人なのでしょう。まずそれに驚きました。ふつうなら「介護に弟の世話、私だけがどうして苦労しなければならないの」とグチをぶちまけてもおかしくありません。

私がまず言いたいのは、「あなたがもっとワガママになっていいんですよ」ということです。自分のための時間や気晴らしなどはあるのでしょうか。たまにはおしゃれをして出かけたり、「あー、もうやってられない！」と友達と食べ放題に行ってお腹いっぱい食べる、なんてこともありますか（あ、これは私です……）？

そしてもう１つ言いたいのは、あなたは「私ってすごいなあ」と自分に自信を持ち、家族思いの自分を自分でほめてあげてますか？　もしかするとその逆、「もっとこうできればいいのに」「こんなこともできなくて情けない」と自分を責めることが多いのではないでしょうか。自分で自分を認める。そして、自分のために楽しい時間も作ってあげる。まず必要なのはこの２つです。それができれば、弟さんに対してもきっとプラスになるはずです。なぜならあなたに余裕が生まれれば、家の中の空気の緊張がゆるみ、そうなると引きこもりのご家族も「今なら部屋から出られるかな」と出てくることが多いからです。これは精神科医としての私の経験から言っていることです。

だから、弟さんのためにも、回り道に見えるかもしれませんが、あなたはまず自分自身のことをケアしましょう。介護保険でのヘルパーやデイサービスも活用し、自分のために時間とお金を使いましょう。

そうやってあなたがハッピーな笑顔になることが、いつか弟さんの心の氷を解かすと思います。その日のために、まずは自分ケアをぜひどうぞ。

わかりみ

自分ケアをぜひどうぞ

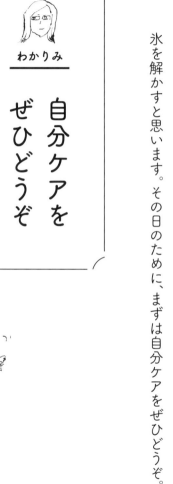

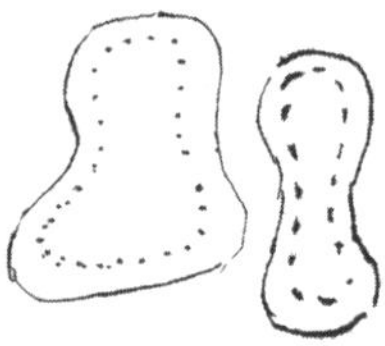

お悩み

実母の老々介護が心配です

35歳の主婦。私の母は90歳の義理母の介護をしています。4年前から認知症がひどくなり、便をもらしたり、夜中や朝方起きるので大変な毎日です。父や父の弟たち3人は何もしません。貯金も介護費でなくなってきています。娘としてできることはありますか?

（広島県・A・E）

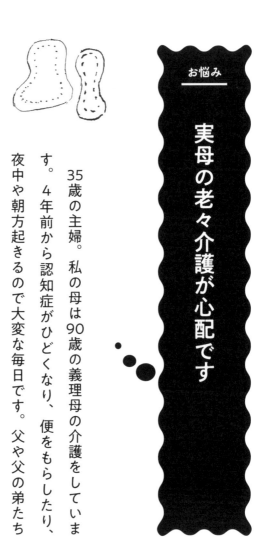

あなたが声をかけるだけで母親の疲れも半分くらいになる

祖母の介護のお悩み。認知症で大変なのですね。個人的な話ですが、私が医者としていちばん尊敬している同級生が、認知症の母親の介護をしていた経験を話してくれたことがありました。「朝、突然、家を出たりするのでこっちも毎日4時起き。何度も心中を考えちゃった」という話に、「こんなに何でもできる人でもそうなんだ」と驚いたことがあります。

たしかにあなたが言うように、同居している家族、特にあなたの母親（そう呼ばせてもらいます）が一手に介護を引き受けなければならない、という状況はおかしいと思います。祖母の息子たちが4人もいるのに（あなたの父親も）知らんぷりというのも納得いかないでしょう。

でも、介護のキーパーソンであるあなたの母親には、1つだけ幸せなことがあります。それは親身になって自分のことを考え、こうやって相談までしてくれる娘がいる、ということです。「お母さん、大変。大丈夫？」とあなたが声をかけるだけで、母親の疲れも半分くらいになるでしょう。

でも、そんな親孝行のあなたに言いたいことがあります。それは、母親に同情して今の状況に腹を立てることで、あなた自身の生活や体調が崩れないようにしてほしい、ということです。冷たいように聞こえるかもしれませんが、私はどんな人もまず自分を大切にするべき、と思います。母親はそうできなくなりボロボロになっているのですが、あなたにまでそうなってほしくありません。

「お母さん、大変」と思ったり手伝ったりしながらも、あなた自身はおいしいものを食べたり、テレビや動画に笑ったり、友だちとおしゃべりしたりする時間はありますか？　あなたが元気でいることが、母親にとっても何よりのはげみであり喜びなのです。仲良し母娘のストレスが少しでも減るように願ってます。

わかりみ

どんな人もまず自分を大切にするべき

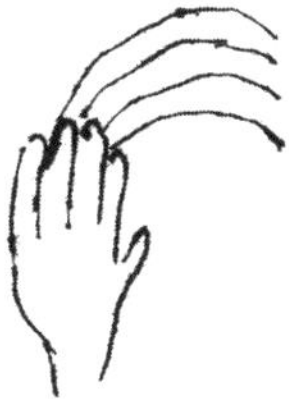

お悩み

「勉強しなさい」と口うるさく言ってしまう

40代の会社員女性。よく東大生とかが「勉強しなさい」と言われたことがない、といっていますが本当ですか？宿題をやらない小2の息子に口うるさく「勉強しなさい」と言ってしまいます。ほっておいたらマズイと思うのですが、お医者さんという優秀な職業についている先生は、どんな風に親御さんに言われてましたか？

（東京都・N子）

親から「勉強、勉強」と言われていましたよ

「勉強しなさい！」と言ってはいけないのか。

そんなことはないでしょう。というより、「勉強しなさい！」と言われずに自分から勉強する子供なんているんですか。東大生がそうだ、って本当ですか。私は高校時代、いわゆる進学校に通っていて、まわりで東大に入った同級生もけっこういるのですが、親から「勉強、勉強」と言われていましたよ。もちろん、中には受験勉強などいっさいしなくてもいつも百点みたいな人もいたのですが、それはもう天才ですから、私たちとは関係のない世界のお話です。

ただ、「勉強しないと地獄におちるよ！」みたいなおどしは、あま

りおすすめできません。一時的には恐怖から必死にドリルなどをすると思いますが、結局、身につかずに終わってしまいます。また「勉強」と「地獄」がセットになって記憶されるので、自分からすすんで勉強する気が起きなくなるのです。

実は、私はどっちかというとこのタイプですね。私が育ったのは典型的な〝昭和の家庭〟、父親は家のことは母親まかせで子どもを甘やかすばかり。そのため母親は口うるさく「勉強は？」「お習字は？」と私と弟に言いまくってました。でも、私も弟も全然、母親の言うことをきかずにテレビばかり見ているので、母親はついにキレて「勉強しない子はウチの子じゃありません！　もう出て行きなさい！」と私たちを夜の庭に出そうとしたのです……。いま考えるとあまりに単純なおどしですが、私は恐怖に震えあがり、「わ、わかった、勉強します」と机に向かいました。でも、それから「勉強は恐ろしい罰とセット」と記憶され、それからはとにかく「親が見ていないところではサボる」という心のクセが身についてしまったのです。

「勉強しなさい」と言われないと子供は勉強しない。でも、おどしたり叱るより、しっかり勉強したときに「エラい！　よくできたじゃない！」とほめる方に力を入れる。これがコツなんじゃないでしょうか。

わかりみ

おどさない
ほめる方に力を入れる！

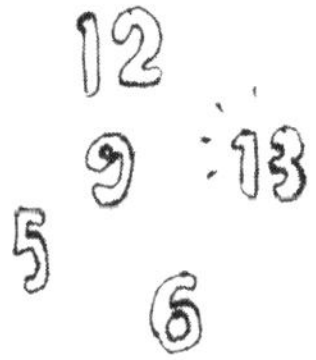

お悩み

実家の父親がネトウヨ化しました

40代自営業の女性。数年前から外出する機会が減りテレビばかり見ている実家の父（73歳）が、電話で話すたびに極端に国を憂いたり、特定の人種をおとしめる発言が目立つ、いわゆる「ネトウヨ」化しています。同居する母は呆れて、相手にしてません。私も父と話したり、会ったりすること自体が億劫になりつつあります。

（東京都・T）

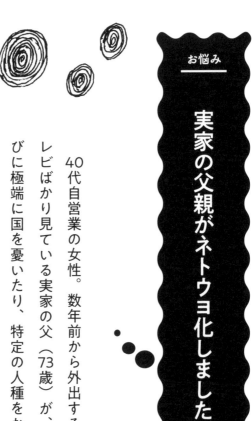

自分ではない代理の価値によって自信を取り戻している状況

現役を引退された方のご家族からのお悩み。テレビが言うことを信じちゃうのは、よくありますよね。でもこれ、本当にテレビですか？　私の患者さんでも、高齢の方が「テレビで見たんですよ」というので聞くと、ＹｏｕＴｕｂｅだったことがあります。「いや、でも画面に映ってたから」とかって。今や、テレビの画面でＹｏｕＴｕｂｅ番組を見られますからね。１回見ると似たような番組がどんどんオススメされる仕組みを知らないと、あっという間に感化されてしまいますよね。

何がそこまで彼らの心をつかむのか。１つ紹介したいのが、昔、詩人の枡野浩一さんが作った「野茂がもし世界のＮＯＭＯになろうとも君や私の手柄ではない」という短歌。当時はみんなでシビアだねって言いながらも笑ってたんですよ。でもいまは、笑えない。他の国はダメで日本はすばらしいとか、日本選手だけを応援しないといけないとか……そんな雰囲気がありますよね。他国をおとしめることで自分の価値が高まるわけではないし、お父さんやいわゆる〝ネトウヨ〟的な方は、自分ではない代理の価値によって、自信を取り戻している状況なのです。

1度こうなっちゃうと元に戻るのは大変です。女性の場合、韓流ドラマとか、K-POPにはまって韓国語を習い始めたとか、聞くことがあります。私のところに相談に来ていた若い男性の場合、彼女ができて、そっちのほうに夢中になって忘れたっていう話はありましたけど、お父さんに彼女を作ってもらうわけにはいかないし。同じように心をわしづかみにすることと言えば、柴犬を飼うとか、猫を拾ってきて夢中になるとか。最初は反対していたお父さんが今はメロメロ……って話をたまに聞きますけどね。いまなら大谷翔平さんを応援するのだったら健全かも？

定年してから、誰からも必要とされないのを感じて、寂しさや孤独を感じているのかもしれません。だから、周りの家族は「さすがお父さんね」とか「やっぱりお父さんがいないとダメね」とか、お父さんを必要としているような言葉をかけてみたらどうでしょう。お父さんを仲間外れにしないで、おだててみるのがいいかもしれません。

わかりみ

柴犬か猫を飼う

お悩み

老いた父親にお金を無心される

40代の働いている女性。両親は離婚。父親の方には私と同年代の妻と、小さな子供がいます。父親は、もともと借金魔でしたが、私にもお金を無心するようになりました。しかも他言するな、と。3度に渡るお金の無心で心が折れ、イヤな気持ちを伝えたところ、連絡が途絶えました。2年たちましたが、このまま連絡を取らなくていいのでしょうか。

（神奈川県・A）

周りの言葉が正解に近いんだと自分に言い聞かせるしかない

私の患者さんでも同じような人がいます。しつこく連絡がくるのは困る。でも連絡がとだえると、〝父親を見捨てたんじゃないか〟と罪悪感に悩まされる。あるいは、お父さんから頼られなくなったことで、自分の評価が自分のなかで上がったり下がったりする。それが、つらいのかもしれませんね。

子供心に、父親から自立した大人だと認められるのはうれしいものです。だから、自分がお父さんを助けられるかもしれない。大人である自分に頼ってくるお父さんの気持ちに応えたい。そんなふうに感じるかもしれません。でも、お父さんと自分の問題は、切り離して考えたほうがいいと思うんですよ。お金を貸したときに、「こんなことをしてもらって幸せだ」とか言われて、自己肯定感が上がるかもしれない。だけど、そういうことで自分の自信を高めるのは、おすすめできないんですね。

これ、きっと誰に相談しても「放っておいたほうがいい」とか、「一回貸しちゃうと何度もずるずると借金を申し込まれて、結局お父さんのためにならないよ」って言われると思います。それが現実です。本来は、大人同士ですから。だけど、親子ってどうしても、依存とか支配とか、そういう関係が持ちこまれてしまって、客観的になれないんですよね。だから、「やめたほうがいいよ」っていう周りの言葉が正解に近いんだと、自分に言い聞かせるしかないんですよね。それで自分の価値が下がってしまうとか、親不孝な人間になるとか、そんなことはないんですよ。

父親を助けようとするなんて、あなたはやさしい人ですね。旦那さんやお母様をはじめ、あなたのやさしさに助けられている人は、周りにたくさんいるはずです。だから自信を持っていいと思いますよ。お父さんの借金癖を自分がなんとかしないといけないってことはないんですよ。お父さんの人生なんだから。冷たい言い方になりますけど、自分でなんとかしてもらうしかないのです。

わかりみ

あなたのやさしさに助けられている人は周りにたくさんいる

お悩み

親戚の物言いや態度がひどい

50歳派遣社員の女性。伯母は上から目線で、「見栄っ張り」「掃除が行き届いていない」などと言いたい放題。叔母も上から目線で「貧乏人はこれを食え」と腐りかけた野菜などを持ってきます。縁を切りたいのですが、親戚だとそうもいかないですよね？

（熊本県・梅子先生）

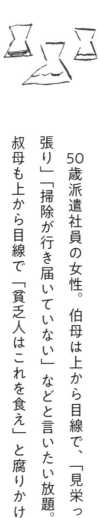

地域が変われば親戚に対する考えも違います

親戚とのつき合い方って、永遠の悩みなんですね。

と言いながら、実は私は北海道出身。よく言われているように、北海道では親戚づき合いはごくあっさりしてるんです。北海道は広いというのもありますが、誰かの結婚式や葬儀などがあっても「ちょっと行けないんだわー、ごめんしてね」「なんもなんも」と電話で北海道弁の会話を交わしておしまい、ということもしょっちゅう。だから、関東の病院で精神科医の仕事をした時、親戚とのいざこざでうつ病などになる人があまりに多く、心から驚きました。そして、最初は何も知らずに「そんなにイヤな親戚なら、もうつき合わなければいいじゃないですか」などと言ってしまい、患者さんにギョッとした顔をされたことが忘れられません。

あなたもきっと私のこんな話を聞いて、「何それ……そんなことありえない」と思うでしょう。でも、同じ日本でも地域が変われば、それくらい親戚に対する考え方も違うんです。つまり親戚なんてそんなもの。いくらふだん気をつかっていても、いざという時に助けてくれなかった、という話もいくらでも聞きます。

だから、あなたの中で親戚のために使うエネルギーをはじめから決めておきましょう。たとえば2割とか。そして、親戚とのやり取りで「あ、2割超えたな」と思ったら、そこで考えるのはいったんストップする。それでもしつこく絡んできたら、「ごめん、今度にして」と強制終了。それくらい割り切ったほうがいいです。

そのかわり、あなたも親戚には多くを期待しない。「遠くの親戚より近くの他人」とはよく言ったものです。あなた自身の家族や昔からの友だち、そして新しい友達も作って、親戚ネットワークじゃない自分の人づき合いの輪を広げてくださいね。

わかりみ

使うエネルギーは「2割」に

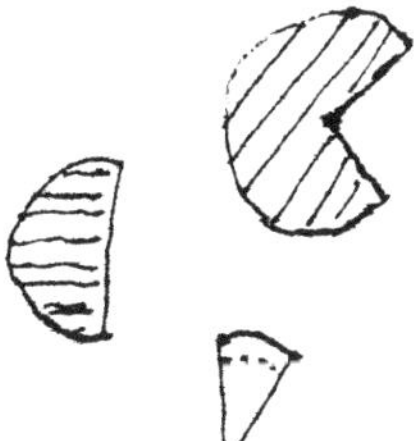

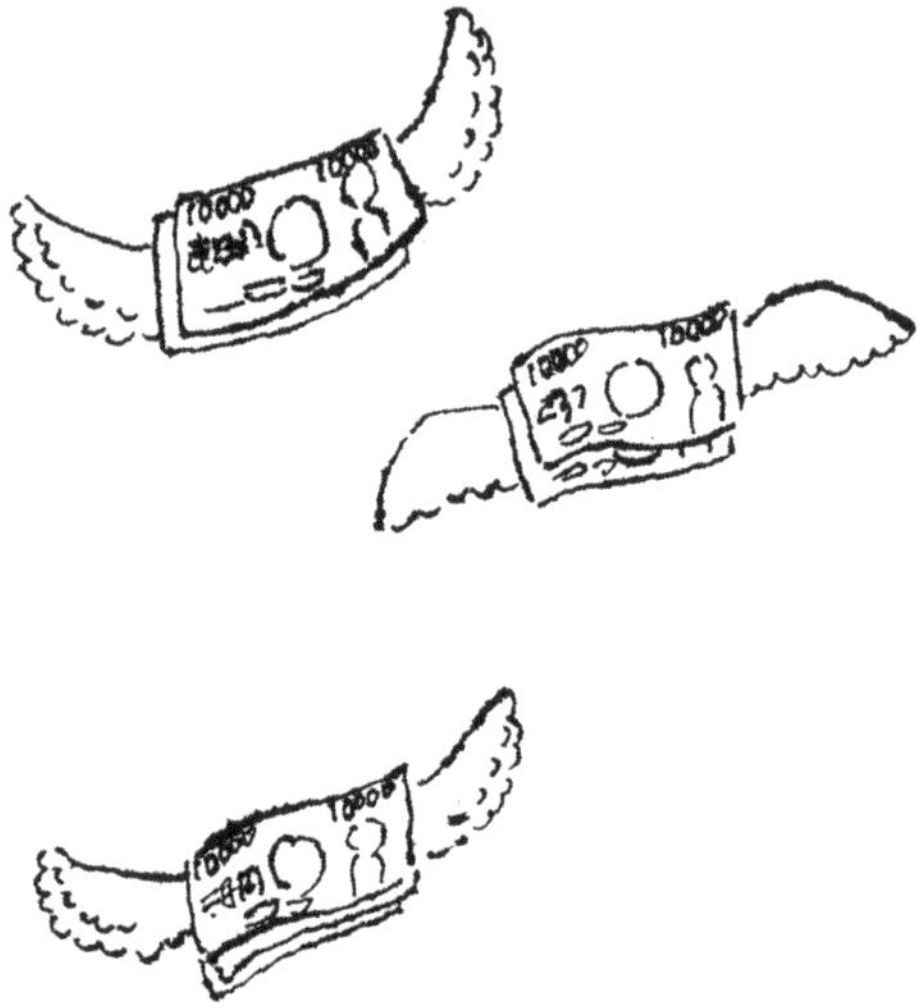

第2の部屋

結婚！　運命！
ネトスト！
恋って苦しいね
恋愛のお悩み

お悩み

元彼のSNSを見るのがやめられない

48歳の専業主婦。学生時代にふられた元彼のSNSとブログを発見しました。既婚者の彼は、ネットでナンパをしたり、浮気する気が満々の投稿をしていて、中年主婦をほめまくったりしています。そんな彼の動向をチェックするのが日課になってしまって、どうしてもやめられません。本当はやめたいです。

(東京都・M美)

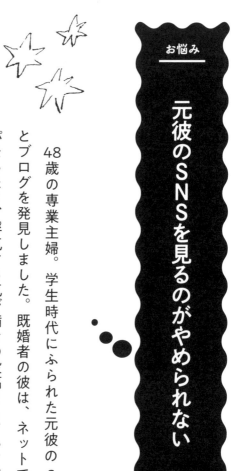

結婚しなくてよかったと まずは自分をほめてあげるべき

あなたの元彼はすごい人のようですね。いまの生活に満足できず、常に新しい相手を探している、というのですから。

元彼ということは、あなたももしかしたらその彼と結婚したかもしれない、ということですよね。結婚すればよかったですか？　そんなことないですよね。こういう人は誰と結婚しても落ち着いた生活には安住できず、いつも新しいターゲットを求めてしまうものです。こんな人と結婚しなくてよかった、とまずは自分をほめてあげるべきでしょう。

あ、もしかするとあなたは、「私が連絡したらこっちに関心を持ってくれるかも」と思っているのでしょうか。それは当然、そうだと思います。「M美ちゃん、キミと別れてからずっと忘れたことはないよ」「別の女性と結婚して後悔してるんだ」などと、あなたがうれしくなるような言葉をつぎつぎ送ってくるかもしれません。

ただ、元彼とつき合い、いまはブログをチェックしてるあなたは、もうわかっているはず。そこで万が一、元彼と会って再び交際、ということになっても、待っているのは同じ結末です。つまり、彼は「M美さんのナンパに成功した」という時点で目的を達成し、またしばらくすると次の女性に目移りしてしまうのです。

こんなにわかりやすい人はいないでしょうし、たまにブログを見るのはやめなくてよいのではないですか。「あー、ナンパしたみたい」「すぐ飽きちゃって別の女性にちょっかい出してる」と二流のテレビドラマを見る感覚でのぞき見すればヒマつぶしにはなります。

でも、くれぐれも「私も連絡してみようかな……」とは思わないこと。

そして、「私なら彼を飽きさせない。今度こそゲットしてみせる」などと考えてしまいそうになったら、その時は「お気に入り」の登録を削除するなどして、無理にでも見るのをやめたほうがよさそうですね。

あくまで娯楽として見る。これが大切です。

わかりみ

あくまでも娯楽として見て！

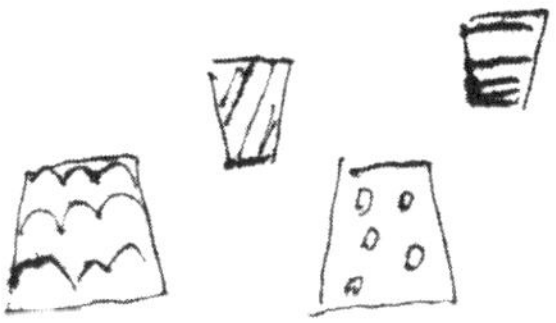

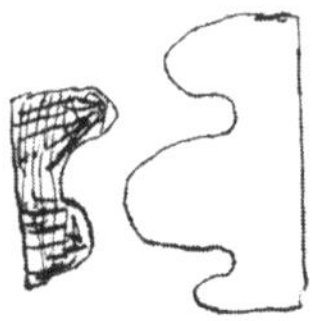

お悩み

運命の人と出会いたい

42歳独身女性。性格がマイペースでおっとりしていて、どこに行っても浮いているような感じがして仲間はずれにされがちです。休日は1人で過ごすことが多く、懸賞ハガキを書いたり、クロスワードをやるくらい。こんな私でも運命の人に出会えますか？

（奈良県・ふーみん）

自分から出かけて行ってノックするしかない

とても繊細でやさしいあなた。どうして男の人はあなたのような人を見つけ、恋愛の対象にできないのでしょう。はっきり言って、世の中の男性の目はゆがんでいると思います。女性から見ると「ずいぶんハデに遊んでるよね」というような人が、男性の前では「おうちでパンを焼くのが好きなの」なんて言って、彼氏や夫をゲットする。そんな光景をあなたも見たこと、あるはずです。

ということは、このまま家で運命の人を待っていても、そういう男性がある日、ドアをノックすることはないのです。男性はあなたのような人を見つけられる目を持っていないので、自分から出かけて行って「ちょっと」と肩をたたいてあげるしかないからです。

では、どこに出かければそんな人がいるのか。あなたの場合、エリート社員とかお金を稼ぐのが趣味という人よりは、自分の世界を持っていて大切にできる人がいいのではないでしょうか。たとえば家の近くの図書館の読書サークルや博物館の化石発掘講座、公民館の英会話クラスなど、公共の施設がやっているちょっとお勉強っぽい集まりを探すのです。そういうところに来るのは、「出世、お金」と目の色を変えるのではなくて心豊かな人が多い気がします。

もちろん、清純なあなたは「男を探しに講座に行くなんて」と気がとがめるかもしれません。でも、そういうところに行くのはあなた自身のためでもあります。部屋でひとり本を読んでいるのもいいのですが、いろいろな世代の仲間と先生の話を聴く、というのも世界が広がるものですよ。

そして、絶対にあきらめないこと。1つのサークルにシングル男性がいなかったら、くじけずにまた次に申し込む。人生のほんの一時期、ガッツを出して活動してみるのも悪くないですよ！

わかりみ

絶対にあきらめないこと

お悩み

マンガ家と結婚したい！

50代の2人の子持ちの無職女性。私は今、好きな人がいます。『月刊アフタヌーン』で連載中のマンガ家・恵三朗先生です。お会いしたことはありませんが、結婚したいです。会社をクビになり毎日ヒマでつまらないです。できれば恵先生を紹介してほしいです。

（静岡県・F）

その気持ち、わかります

好きなマンガの作者と結婚したい。その気持ち、わかります。年齢なんて関係ありません。自分に喜びを与えてくれる表現者って、本当に理想の人物に思えますよね。

ちょっと暗い話で申し訳ありませんが、昨年、人気俳優が自ら命を絶つという出来事がありました。それまで彼のファンだった人達はたいへんなショックを受け、1年近くが経とうとしている今も、出演作品や生前のインタビューを見ては悲しみに暮れているのだそうです。それも、「あんなに私に楽しみを与えてくれる人だったのに」という気持ちが強いからでしょう。

でも、作品を生み出す力、つまりすぐれた「創造力」があることと、恋人や夫としてもピッタリということとでは、たいてい大きなギャップがあります。私がいる精神科の診察室には、ときどきこんな悩みを打ち明けにやって来る人がいます。「私の夫は才能あるミュージシャンなんです。最初はファンだったのですが、そのうち〝そばで支えたい〟と思うようになり、交際して結婚しました。この人のためにはなんでもする、と決意しての結婚なのですが、生活が始まるとあまりにひどくて……。食事していてもふと立ち上がって作曲の部屋にこもってしまったり、思ったように創作が進まないとイライラして私を怒鳴ったり。こっちが病気で寝ていても完全に無視。もう生きているのもつらい……」

きっと夢いっぱいのあなたは、こういう話を聞いても「私は平気！先生のためにいくらでもつくす」と思うでしょう。ただ、私は言いたいのです。「作品や作者に恋をするのはステキなこと、これからもたくさん想像して楽しみを味わいましょう！　でもそれ、心の中にとどめておくのがいちばんハッピーじゃないかな……」

それでも「心の中だけなんてイヤ！　私は先生と本当に仲よくしたいの」というなら、それはもうココロの相談じゃないので、「おまかせします」とだけお答えしておきましょう。

わかりみ

たくさん想像して楽しみを味わいましょう！

※2021年4月掲載

お悩み

結婚に反対される

20代の会社員女性。好きでつき合っている在日韓国人の彼と結婚を考えていましたが、私の親が大反対で、先に進めなくなりました。親は、早く孫が見たいと言いますが、今の彼との結婚は絶対に反対で、早く別れるように言ってきます。周りは結婚・出産ラッシュでうらやましいです。

（京都府・M）

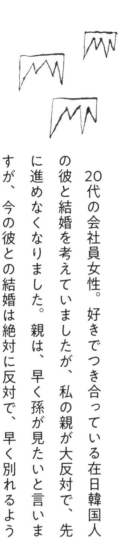

親ってその場の気分で言っているだけ

恋人ができて、結婚も考えられる、と人生でいちばんハッピーな時期に「親の反対」。つらい気持ちになりますよね。

結論から言えば、「結婚しちゃえば」と思います。親は今は反対をしていても、あなたのこれからの人生すべてに責任を持ってくれるわけではありません。あなたがいま親の反対に負けたら、これからの長い人生で何かイヤなことがあるたびに、「あのとき彼と結婚していたら」と思い、親を恨むことになるでしょう。

その時「あなたたちのせいで幸せになれなかった」と言っても、親は「いまさらそんなこと言われたって」とスルーするだけなのです。実は私もまさに同じような経験をしました。20代の時に彼氏を親に紹介したら、「フリーター? 生活はどうするの」と大反対。私の場合、泣く泣くその人と別れたのですが、それからしばらくして母親は「親に言われてやめるということは、本当に好きじゃなかったのよ」と、なんと私のせいにしてきたのです。あまりの無責任さに怒る気力もなくなりましたが、それ以来、「親ってその場の気分で言っているだけなんだ」と思うようになりました。

だからあなたも、いま「どうしても彼と結婚したい」という気があれば、ぜひそれを貫いたほうがいいと思います。そして、親の反対を押し切って結婚したら絶対に離婚してはいけない、という決まりもないことを忘れないように。親が賛成しようが反対しようが、結婚は本人どうしの問題なのですから、いつも「私たちはどうか」と自分を主語に考えるのです。親というものは移り気ですから、私の予想では、あなたが結婚して子供が生まれたりしたら、手の平を返したように「かわいいねえ」と目を細めるのでは。そうなることを祈っています。

わかりみ

結婚は本人どうしの問題

お悩み

親が婚活に口を出してくる

33歳会社員・実家暮らしの独身女性。結婚相談所に登録したりさまざまな方法で婚活中です。親が、私のことを話のネタにして近所に愚痴ったり、結婚相手は、学歴や収入がいい人じゃないとダメとか、老後の面倒をみてほしいから県外に出るなとか言ってきて煩わしいです。どうしたらいいのでしょうか？

（静岡県・Y）

親ってアホや
なんも考えてないんや

20代から結婚相談所に登録するなど、かなり本格的に婚活を始めているけれど、30代になってもまだ出会いがない。そりゃそうですよね。結婚は一生のことなのですから（一応）、そんなに簡単に「はい、じゃあこのへんで」というわけにはいかないと思います。

さらにあなたの場合、親から「どうして彼氏ができないの？」と責められ、「娘が独身なのが悩みなのよ」と近所でグチられたり。たまったものじゃないですよね。ちょっと私自身の話をさせてください。はるか昔、私が大学受験に失敗して浪人生活を送っていた頃、近所の同級生のAちゃんが妊娠して〝できちゃった婚〟することになったんです。私は「勇気あるな！」と感動したのですが、母親は「くれぐれも気をつけてちょうだいよ。あなたがAちゃんみたいになったら、もうお母さん生きてけない」と顔をしかめていました。

ところが、です。私がなんとか大学に入り、卒業もして30代になったある日、母親はこう言ったんですよ。「Aちゃんのところ、もう3人目が生まれるんですって。すぐ近くに家も建てて、お母さんたちも安心よね。ああいうのが本当の親孝行っていうんでしょうね。それに比べてあなたは……」。

この見事なまでの手の平返し。私はこの時、気づいたのです。「親ってアホや。なんも考えてないんや」。それから、親の言葉にいちいち振り回されなくなったような気がします。あなたもどうか、親のためにではなく、自分のために婚活をしてください。親が喜ぶような相手とではなくて、自分が納得できる相手とめぐり会えるかどうかが大事なのです。親の言葉って子供にとってはいちいち重いものですが、なるべく「はいはい、そうね」と聞き流しましょう。あなたの〝自分のための婚活〟がハッピーな結末になるよう、祈ってます。

わかりみ

自分のために婚活をしてください

お悩み

精神科のお医者さんと結婚したい！

49歳家事手伝いの女性。元・ももいろクローバーZの有安杏果さんが、主治医の精神科医と結婚したことをうらやましがる同じ歳の精神科通いの友達がいます。患者と結婚する精神科医って多くないですよね？……友達に現実をわからせてください。

（宮城県・M・Y）

激しくもお互いを傷つけるものとなります

精神科医と患者さんの結婚。これは〝決まり〟としてナシなんです。

私も若い時には友達にこんなことを言われました。

「記憶喪失になって診察室を訪れるイケメン。『ボクは誰？　ボクにわかるのはバイオリンが弾けるということだけ』。そう言って彼はモーツァルトを演奏し始める。それもバッグンの腕前で。そしてあなたは言うのよ。『私が医者として、そして1人の女として、あなたを一生、守ってあげます！』。ロマンチックなお仕事ねえ……」

でも、そんなことはありえません。患者さんと連絡先を交換し、診察室以外で会うのはダメだよ、治療にもマイナスになるからね、と先輩からきつく言われました。もちろん私も、異性同性を問わず、患者さんと個人的な友達関係になることはありません。

とは言っても、人間っておかしなもので、これまで私のまわりで、患者さんと個人的なおつき合いをしてしまった、という精神科医も3人くらい知っています。1人はお金持ちの患者さんのお抱え精神科医になり、外国に行きました。あと1人は自分が趣味でやっている劇団に患者さんを誘い、もう1人は……タブー中のタブーである恋愛関係になったのです。ただ、細かいことはここには書けませんが、心の病を知っている先生との恋愛は激しくもお互いを傷つけるものとなり、結局、男性は医者をやめてしまうほどボロボロになりました。

そのお友達には、ぜひ言ってあげてください。ほかの科ならともかく、精神科で患者さんと医者の恋愛や結婚はありえないし、万が一、そうなってもまず幸せになれないみたいよ、と。30年以上、この仕事をやって来て、「イケメン患者さんも確かに何人かいたけれど、恋仲にならなくて正解だったー」と思っている私が言うのですから、間違いはありません。まあ、整形外科や歯科なら、時々「医者と患者の恋」もあるようなんですけどね。

わかりみ

ほかの科ならともかく精神科はありえません

第3の部屋

上司！ 新入社員！ 言うこと聞いてちょーだい 職場のお悩み

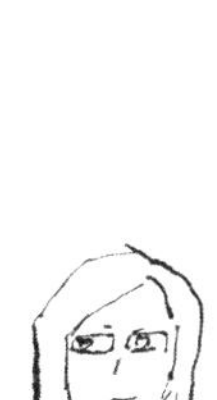

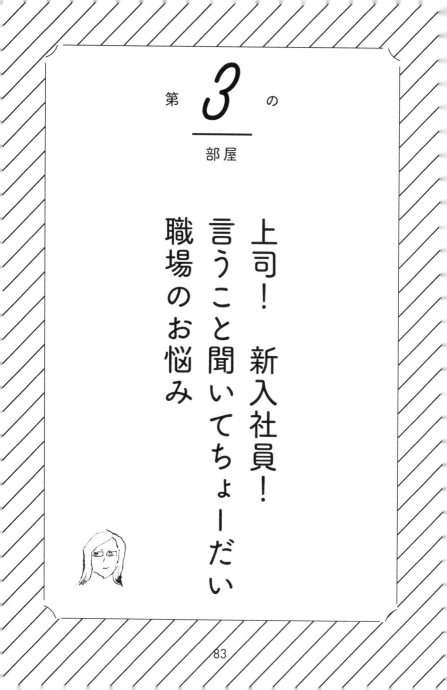

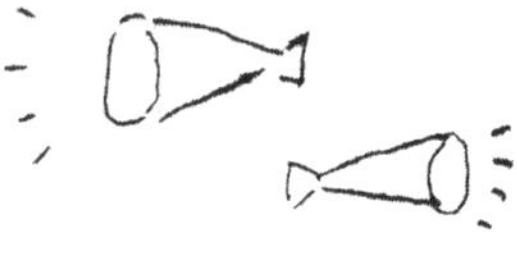

お悩み

注意や忠告を素直に聞いてくれない人が多くてツライです

31歳アルバイトの女性。男性に多い気がするのですが、ある会合で部分的に「〇〇はやめてください」とお願いすると、「もう参加しません」とか、セクハラ発言をされた時に「そういう発言はやめてほしい」と言うと、「なら、話すことはない」と逆ギレされたりします。極端な反応が多いんです。どう話せばいいのでしょうか？

（岡山県・K・Y）

ごきげんを取る必要はない あなたにはなんの非もありません

　職場でセクハラ発言などを注意すると、「もう口をきかなきゃいいんだろう！」などと極端な反応をする男性がいる。こっちとしては、「その発言だけをやめて」とあくまで部分的に注意したつもりなのに、相手は全人格を否定された気になるのでしょう。

　実は、会社の新人教育でも同じことが問題になっていると聞きます。「この書類、ここをこう変えて」と指導すると、「私なんか辞めればいいんですね！」と泣いて走り去ってしまう新入社員もいるのだそうです。仕方ないので、会社の教育マニュアルに「指導や注意をする時は、〝いつもがんばってくれてるよね〟などとまずほめてから、〝ここをこうするといっそうよくなるよ〟という言い方で伝えましょう」などと書くのだとか。その話を聞いた時、「そこまでして新人に気を使わなければいけないのか」と暗い気持ちになってしまいました。

でも、あなたの場合は、とくに若手や新人にセクハラの注意をしたわけでもないんですよね。もし相手が同僚や上司だとしたら、その人たちはとことん幼稚なのでしょう。あなたがごきげんを取る必要はないと思います。

ただ、注意して逆恨みされるのも損な話です。たとえば、「厚労省が出しているハラスメント対策マニュアル、ご存じですか？　ウチの職場でもこれを配るのはどうでしょう。意識の高い上司にピッタリ！」と前向きな提案をして、相手の自尊心をくすぐる作戦なんかどうでしょう。もしくはそれをプリントアウトして、その男性の机の上に置いておくだけでも効果はあると思います。幼稚な人ほど、「厚労省」「県が作成したガイドライン」などの権威に弱いのです。いずれにしても、冷静に指導・注意をしているあなたに逆ギレするのは、人格が未熟なままの〝あわれな人〟。心の中で、「かわいそー」と同情しながらちょっぴり笑ってあげてください。あなたにはなんの非もありません。

わかりみ

心の中でちょっぴり笑ってあげてください

お悩み

上司でない人に注意される

40歳サービス業のパート女性。２つ年上の上司でない人によく注意されます。シフト制で仕方がないのに「あんたと仕事したくない」とか言われたり、キチンとできているのに、ゴミの分別ができていないとか、何かにつけて難癖をつけられます。これから手術の予定があって何日か休まなければならないので、そのまま退職しようかと悩んでいます。

（岐阜県・U）

〝心のつい立て〟を作りましょう

職場に、自分のことを目のカタキにする同僚がいる。それはつらいですね。

単に気があわないくらいなら、割り切ってガマンできるかもしれません。でも、向こうから文句をつけられる感じになると、「どうやって防げばよいのか」と気も滅入りますね。あなたはもう辞めたいとまで思っているようですが、その前にできることがないか考えてみましょう。

文句つけられてなぜ気が滅入るのか。それは、こちらの感情が揺さぶられるからです。「ヒドイ!ムカつく!ズキーン!ガッカリ!」などその人からのことばで、あなたの心は大きく揺れ、それがあなたにダメージを与えるのです。

だとしたら、何を言われても心が揺れなければいいのでしょうか。基本はそうです。でも、そこまでの〝さとりの境地〟に達するのは簡単ではありません。では、どうすればよいのか。

私がおすすめしたいのは、〝心のつい立て〟を作ることです。その人が何か言ってきたら、2人の間に透明なつい立てがあると想像する。そして、「あー、つい立ての向こうで何かギャーギャー言ってるわ。ヘンな表情ねー」となるべくクールに観察するのです。ことばの中身はなるべく受け取らないようにするのもコツです。

そうやってあなたが心の動揺を表に出さないようになると、相手は「この人、なに言ってもクールなままでつまらないな」と思い、おかしな攻撃も減るかもしれません。向こうはあなたが落ち込んだりイラついたりすることで、「やったぞ」と征服感を感じているのですから。

わかりみ

暑い夏ですが、心はクールに

暑い夏ですが、心はクールに。つい立てのこちら側には、冷たい風が吹いてるとイメージして、暑苦しい相手を涼しくやりすごしましょう！

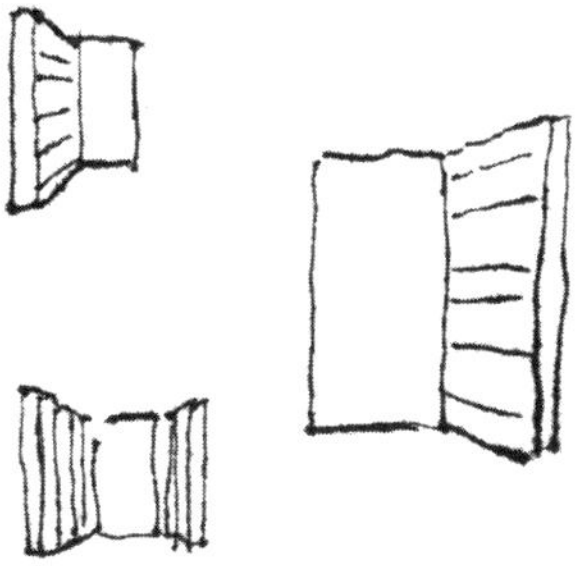

※2019年8月掲載

お悩み

新入社員に関わらないようにと注意されました

48歳介護職の女性。新人に、その日の仕事はその日に終わらせるように指示したところ、新人が上司に苦情を言い、「新人に関わらないように」と注意されました。職場に居づらく、体調不良気味です。

（S県・I）

状況は変わりました

一生懸命、働いてるあなたが注意されるっておかしいですね。なんとか自分に自信を持って、仕事を続けていただきたいと思っています。でも、あなたの悩みはよくわかります。私も似たような立場にあるからです。そして、全国で「若手にどう接すればいいのか」と悩んでる50代がたくさんいると思います。

私たち世代にとって「体調不良や家族の事情は職場では隠す」、「仕事は時間や納期厳守、終わらないなら残業する」など当たり前だった考え方は、今の20代には「は？　意味わかんないし」と思われるほど、状況が変わりました。上の世代がその考えに基づいて指導するのは、彼らにとっては真夏に「今は冬だろ？　明日からダウンを着て出勤しろ」と言われているようなもの。「わかるけどできない」のではなく、「まったくわからないしおかしい」のです。さて、そこで50代はどうすればいいのか。私はもう「老いては子に従え」と割り切り、自分が率先してさっさと帰ったり「体調悪いんで」と休みを取ったりしよう、と思っています。そこでムリして働いても誰もほめてくれないし、逆に若手からは「なに、あの50代。仕事依存症じゃないの？　迷惑なんだよね」とうとまれるだけだからです。最初のうちは、そうやって割り切るのはこれまでの自分の働き方をすべて否定するようでさびしかったのですが、今はもう慣れました。早く帰る分、習いごとをしたりジムに行ったりして、1日を2倍楽しんでいます。あなたも上司に「彼らには関わるな」と言われたら、「あ、そうッすねー」と若者気分で返事をして、仕事が終わったらもう一切、職場のことは考えない。そういうクセを早く身につけましょう。テレビがアナログ放送からデジタル放送に変わった時、最初は「なんか味気ないな」などと思ったかもしれませんが、あっという間に「デジタルのほうがきれいじゃない」と慣れたはずです。それと同じ、と考えてはどうでしょう。

そして大切なことは、新しい働き方にシフトしたとしても、あなたが「これまでの自分は間違っていたのか」と自信を失う必要はまったくない、ということです。昔の私たちのがんばりがあったからこそ、いま若手は自分らしく働けるようになったのです。昭和世代バンザイ！

これからもイキイキ働いてくださいね。私もそうします。

わかりみ

「老いては子に従え」と割り切る

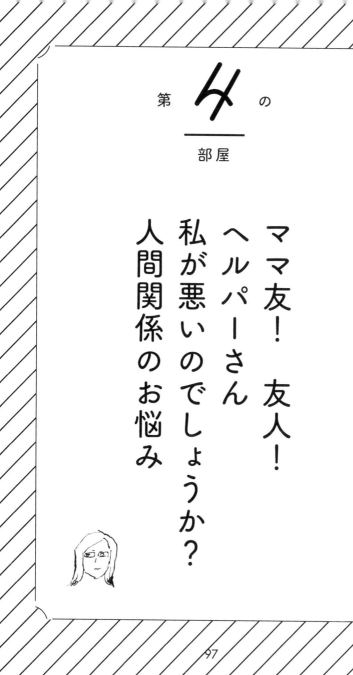

第4の部屋

ママ友！　友人！
ヘルパーさん
私が悪いのでしょうか？
人間関係のお悩み

お悩み

大人数になると私に冷たくなるママ友

40代専業主婦の女性。２人でいる時は楽しくやさしいママ友が、３人以上人数が増えると私への態度が冷たく感じられたり、ないがしろにされているように感じます。ＮＯと言えない性格なので、誘われると会いに行ってしまいます。今後のつき合いに悩んでいます。

（東京都・Ｍ子）

ママ友は結構あなたを意識しているのだと思います

ママ友の悩み。2人なら親切だけど、それ以上の人数になると冷たい。

私には子供がいないのでママ友もいないのですが、状況はわかります。

そして、ママ友じゃない友達でもこういうことってありがちですよね。

私の場合、病院の仲よしの看護師さんで、2人でおしゃべりしている時は盛り上がるのに、ほかのドクターなども加わると彼女がその人達とばかり話すので、さびしい気持ちになることがあります。なんとなく「私なんてどうでもいいんでしょ」とひがんでしまい、ますます話の輪に入れなくなるのです。「えー、それってまるで恋人みたい。でも、私はそのママ友に恋愛感情があるわけじゃないし」と思うかもしれません。もちろんです。私だって看護師さんにそんな感情はありません。ただ、人間関係が1対1の場合、同性同士でも恋愛感情のない異性であっても、お互い「私だけを見て」と思ってしまったり、複数になったとき相手を試すような行動を取ったりすることもよくあるのです。

ズバリ言うと、あなたの場合、そのママ友は結構あなたを意識しているのだと思います。だから、3人、4人の時はわざとあなたを無視したような態度を取っているのではないでしょうか。あなたがちょっとガッカリしているのを見て、自分の存在価値を確認してホッとしているのかもしれません。

あなたにとってはどうですか。もし、そのママ友は大切な友達なら、複数の時でもその人の振る舞いを気にせずに、ガシガシ話しかければいいと思います。でも、「いや別に。自分にとってたいした人でもない」ということなら、振り回される必要はないですよ。その人があなたを無視した態度を取っても、ニコニコしながらほかの人たちと話せばいいのです。余裕を見せれば、あなたを試すようなことはしなくなると思います。個人的には、あなたにはあまりその人に振り回されず、もっとラクにつき合えるママ友を探してほしいと祈っています。

わかりみ

ラクにつき合えるママ友を探してほしい

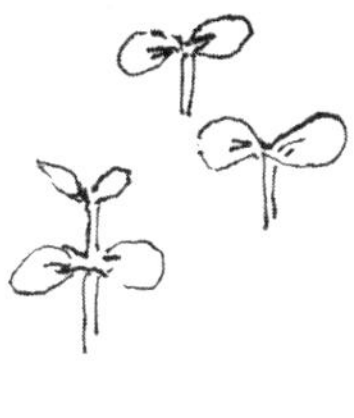

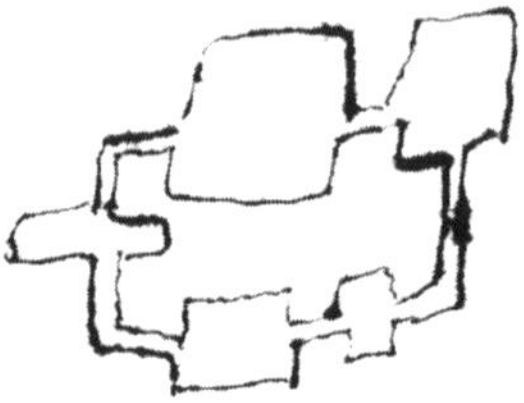

お悩み

友人が「しつこい人」に変化しました

40代の家事手伝いの女性。昨年、私が病気をして退院したあと、30年来親しくしていた友人が心配のメールを送ってくれて、その時は感謝していました。その後、自分から連絡するといっているにも関わらず、「いつ会える？」と何度もメールがきます。以前は、さっぱりした人だったので粘着質になった友人の変化についていけません。

（東京都・H子）

友人は寂しい状況にいるのではないですか？

友だちが急にしつこくなった。それは気が重いですよね。人間関係の距離感って、その人ごとになんとなく「この人とはこれくらい」と決まっているのに、それが突然、変えられると必要以上にプレッシャーを感じるものです。

友だちのしつこさが増したのは、どうやらあなたが病気で入院したあとからのようですね。もしかしたら最初は心配して、「これまで以上に頻繁に会うことにしよう」とその人なりの親切心で連絡してきたのかもしれません。でも、あなたがそれに素直に応じるうちに、友だちは「誰かを言うままに振り回すことの心地良さ」に目覚めてしまったのではないでしょうか。「今日会おうよ」と言えば会ってくれる人がいる、というのは、それまであまり女王気分を味わったことのない人にとっては、かなり気持ちよい経験なのだと思います。

さらに考えれば、その人はいま、まわりからはちょっとうとまれるような、寂しい状況にいるのではないですか。たとえば、子供が結婚して家を離れ、連絡しても「いま忙しいんだよ」と冷たくされる、といったような。「もしかして、私、誰にも必要とされてないんじゃないか」という不安を、あなたを思い通りに振り回すことで吹き飛ばしているのです。

もちろん、あなたは友達の不安解消装置の役割をこれ以上、果たす必要はありません。「私には私の考えや事情がある」ということを、しっかりと伝えてよいと思います。「今日会おうよ」「今日はムリ」「どうして？」「ちょっとね。また今度」。こんな感じでよいのです。理由をあれこれ説明する必要もありません。そして、今日は会ってもいいかな、と思う時にはふつうに「オッケー、じゃランチだけね。そのあと予定あるから」と時間を区切ることも大切。

親しき仲にも礼儀、じゃなくて適切な心の距離あり。それはごく当たり前のことです。

わかりみ

時間を区切ることも大切

お悩み

ヘルパーさんが横柄になってきた

82歳無職女性。ヘルパーさんを頼んで4～5年になります。その中の1人の方が、最初は笑顔で感じがよかったのですが、私が下手に出るためか最近は横柄な感じになってきました。我慢すべきでしょうか？

（神奈川県・朝方夢子）

「雇い主」はあなた自身なのです

80代の方からのご相談です。まず「私はどうすればよいか」と自分を見つめて悩む、その姿勢がすごいと思いました。その年代になると「その場で怒る」か「あきらめる」かで、じっくり悩むのが面倒くさくなる方も多いのです。こうして悩めるのは、心のエネルギーがまだまだ十分にある証拠ですね。

とはいえ、毎週来るヘルパーさんの態度がよくないと、家事をやってもらうのも気が重くなりますよね。これはヘルパーさんの所属する事業所か、ご自身のケアマネージャーさんに伝えてよいと思いますよ。注意をしてもらってもよいし、場合によっては別の人との交代も可能だと思います。だって、ヘルパーさんの「雇い主」はあなた自身なのですから。「え、私は介護保険を使ってヘルパーを頼んでいるだけで、お金を払ってるわけではない」と言うかもしれませんが、それは間違いです。あなたが依頼したからその仕事は発生し、あくまであなたの保険で支払いが行われているわけです。

とくにシニア世代には腰が低い人が多く、私がいる診療所でも「先生、いつも診てくださりありがとうございます」と何度もお礼を言う患者さんがいます。もちろん、お礼を言われるのはうれしいのですが、心の中で「あなたがお金を払ってくれるお客さんなのですから、遠慮しないで」と思います。みんなおなかの中に〝遠慮ムシ〟を飼っているのです。

ふだんは礼儀正しくしていても、言うべきときはしっかり要求やクレームを伝えてよいのです。もちろんあなたもそうです。……と私が言うと、「でも、そのヘルパーさんにもよいところがあるから」とあなたの中の〝遠慮ムシ〟が動き始めますか？

だとしたら、それをまず退治して、「私ががまんする必要なんてないんだ！」と自分を励ましてあげてください。がまんしすぎるのは身体にもよくないですよ。

わかりみ

私ががまんする必要なんてないんだ！

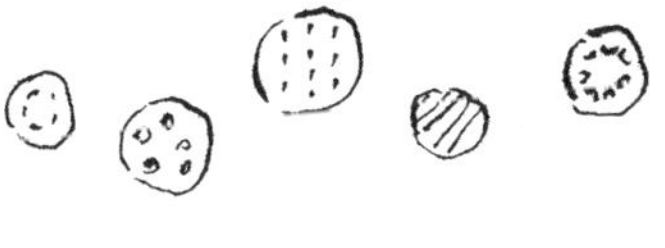

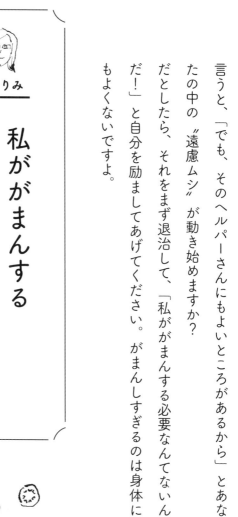

お悩み

映画やイベント・ゲームなどのネタバレしがちな友人

40代兼業主婦。４人グループの友達の１人が、映画やイベントに行く時や、新しいゲームなどの下調べをすごくしてきます。前知識をいつも披露してくるので、つまらなくなります。「新鮮な気持ちで楽しみたい」と言ったほうがいいのか悩みます。

（東京都・K）

私自身もけっこう下調べ派

『鬼滅の刃』や『シン・エヴァンゲリオン』など話題の映画の公開が続いてますよね。ずっと楽しみにしていて、友だちと一緒に観に行こうとすると、「ラストかなり予想外らしいよ。まず主人公がね……」などとネタバレ話を始める。これ、やめてほしいですよね。ここまでひどくなくても、なるべく予備知識もなくフレッシュな気持ちで新作を見たいという人にとっては、どんな情報も〝余計なお世話〟でしょう。

と言いながら、実は私もちょっと反省してます。なぜなら、私自身もけっこう下調べ派だから。とくにそのジャンルにあまりくわしくない友だちと誘って出かける時は、「楽しんでもらうためにもいろいろ教えなきゃ」と考え、「えーと、これから見る映画の監督の前作はね」などと説明してしまいがちなのです。

そういう時の自分の気持ちを思い出すと、あれこれしゃべる理由はズバリ「不安」ですね。友達はホントは私なんかと見たくないんじゃないか、退屈して「なにこれ、サッパリわからなかった」と言われたらどうしよう、と不安でいっぱいになってしまうのです。

あなたの友達も同じかどうかはわかりませんが、たぶん知識や情報を自慢したいだけではなく、「おもしろいと思ってくれなかったらどうしよう」という不安も持っているのではないでしょうか。それをやめてもらうには、ただ「聞きたくないよ、話さないで」と止めるよりも、ちょっと安心させてあげたらどうでしょう。もし私なら、「これからあなたと一緒に観られるの、すごく楽しみ。あとは終わってからゴハンしながらくわしく聞かせてね」と言われたら、ホッとして「私もゆっくり楽しもう」と思えそう。

でも、それでもペラペラとネタバレを続けたら、それは単に自慢かもしれないので、ピシャリと「もうやめてね」と言っていいと思いますよ。あなたも友達もみんないい気分で、映画やイベントを楽しめればいいですね。

わかりみ

しゃべる理由はズバリ「不安」

※ 2021 年 3 月掲載

第5の部屋

私はどこ？ そして何者？
私を連れて進め
自分自身のお悩み

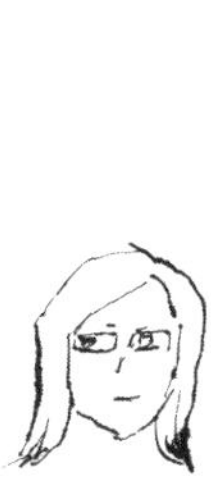

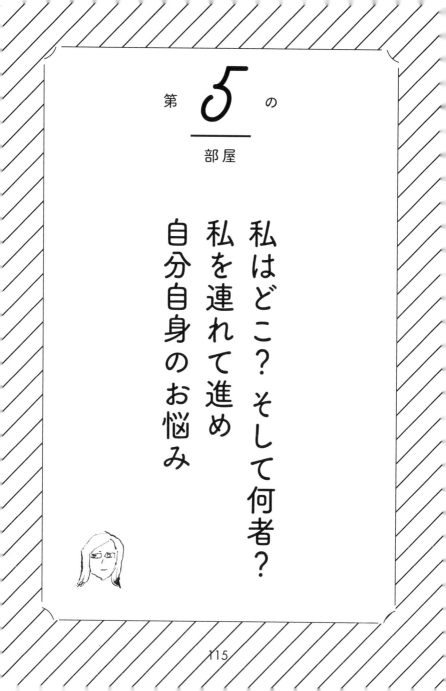

お悩み

過去のイヤなことが忘れられない

42歳の兼業主婦。過去に（20年以上前から最近のことまで）イヤな思いをしたことや辛かったことなどを思い出しては、「なぜ言い返せなかったんだろう？」など自分への怒りと同時に相手への憎悪感が湧き上がります。弱い自分が情けなく、過去を断ち切ることができません。

（長崎県・O・S）

記憶を書き換えましょう

20年前の誰かとのイヤな出来事が忘れられない。いまだに、あの時こう言っていれば、などと後悔する。こういう人、ほかにもいるのではないでしょうか。診察室にもたくさん来ます。

実は、私はある時点までそういう人の治療が苦手でした。「まあ、今さらどうにもできませんしね。それよりは前向きに生きたほうがいいですよ」などと、今から考えると精神科医にあるまじき対応をしていたこともあったのです。

でも、ある時「過去のイヤな記憶」の治療を得意とする精神科医の友人に、ものすごくよい方法を教えてもらったのです。以下は、その

人の話です。

「人間の脳は、それが自分で作ったイメージなのか、それとも実際の体験なのか、記憶の中で区別することができないんだよね。だから、ある程度なら、イメージの力で記憶を書き換えることもできるんだよ」。

私は、「へーっ、そうなんだ！それはどうやるの？」と興味しんしん。

するとその人は続けました。「そのイヤな記憶がよみがえったら、それをなるべくリアルに思い出すの。おそれずに。そして、その時の自分のうしろに、今の自分を重ねるの。そう、背後霊みたいな感じかな。そして、その背後霊みたいな自分が励ましたり、助言をしたりしながら、イメージの中で相手に言いたいことを言う。当時言えなかったことでも今の自分なら言えるとしたら、それをしっかり伝えることが大切」。

そうやって、背後霊の〝今の自分〟のサポートを借りながら、イメージの中で相手に言いたいことをズバリ言えれば、気持ちがすっとラクになるというのです。

半信半疑で、そのあと何人かの方にこの方法を試してみました。するとたしかに、過去の記憶をさかのぼり、イメージしながら「あなたね、その言い方はひどいじゃない？　私だって一生懸命やってるのよ」などと言えたあとは、その人の顔つきが変わります。過去はそうやって修復できるんですね。一度でうまくいくとは限らないけど、これからだって過去は変えられる。この方法、ぜひトライしてみてください。

わかりみ

背後霊みたいな〝いまの自分〟のサポートを借りましょう

お悩み

何もかも面倒になってしまう

30代の会社員男性。買った漫画本、友達との飲み会など、「楽しい」とわかっていることなのに面倒くさくなってしまいます。結局は、読むし、行くし、楽しいのですが、なぜかいったんやりたくなくなります。最近では趣味のゲームですら、ボタンを押すのが面倒です。「ずっと」行動を起こすにはどうしたらいいのでしょうか？

（東京都・T也）

どんな面倒くさがりでもテンションが上がる瞬間ってありますよね⁉

私もけっこう面倒くさいですね、実は。

医者がこんなこと言ってはいけないと思うのですが、「寝てなさい」と言われたらいつまでも寝ているタイプです。

では、どうやって仕事をしているのか。それは1つは「他力」です。つまり、誰かから「早くしてください」とか催促が来て、ようやく動き出す。今だから言えますが、若い頃は病院から「あのー、診療時間始まっているんですけど」と電話が来て、「マズい！もう8時半か！」とそれから家を出たこともありました。それを何度か繰り返すと、条件反射で催促が来なくても出かけられるようになります。

それからもう1つは、どんな面倒くさがりでもテンションが上がる瞬間ってあるじゃないですか。行きたかったコンサートのチケットが取れたとか、体重計に乗ったら1キロ減っていたとか。そういうチャンスを逃さずに、テンションが上がっているうちにやれるだけのことをやるのです。メールの返事、ペットボトルのラベルはがし、引き落としできなかった公共料金の払い込み、などなど。そして、テンションが下がったらまた行動をしばらくストップして、次のチャンスを待つ。

こうやって「面倒くさがりの自分」をあまり責めずに甘やかすことで、けっこう「じゃ、まあやるか」と動けることもあるんですよ。

いちばん悪いのは「なんて私ってダメ人間なんだろう」と自分を叱りすぎて自己嫌悪に陥ることではないでしょうか。

今回は精神科医としてではなく、ひとりの究極の面倒くさがり人間として、経験を生かして答えさせていただきました。

わかりみ

あまり責めずに自分を甘やかそう

お悩み

食事を作りすぎてしまう

40代のパート主婦。幼い頃、母から少量の食事しか与えられず、お腹を空かせていました。見かねた祖母がコッソリ食事を与えてくれていて、それ以来、コッソリと食べるクセが身につきました。自分と同じ思いをしてほしくなくて、家族に食事を作りすぎてしまい、逆に迷惑をかけています。また、〝だれか〟との食事も苦手です。

（北海道・Kナ）

「記憶のうわ書き」はできるのではないかと私は思っています

人と食事をすることが苦手、それなのに自分で作る時はどうしても作りすぎてしまうという主婦のKさん。そこには「子どもの頃、母親が少ししか食事を与えてくれなかった」という悲しい思い出が関係しているようです。

子どもの頃の記憶、特につらいことやしんどいことが、大人になってからも自分に悪い影響を与えている、という人はとても多いのです。さらにそれが自分の親によりされたことなら、いっそうその記憶が自分を強くしばってしまうでしょう。記憶そのものを消すのは、とてもむずかしいことです。診察室でもよく「先生、もうあの出来事を思い出さないような、記憶を消すクスリはないのですか」と言われますが、残念ながらそれはありません。

ただ、「記憶のうわ書き」はできるのではないか、と私は思っています。Kさんの場合は、母親が少ししか食事をくれなかったのですよね。でも、自分はたっぷりとした食事を夫や子どもたちに作ってあげたい、と思っている。そうやって一生懸命、Kさんは自分のつらい記憶を塗りつぶそうとしているのです。

きっともう少しでその作業は終わり、適度な量の食事を作り、みんなで楽しく食べられるようになりますよ。それまでのあいだ、むしろ思い切りたくさん作って、余ったら冷凍するなどしてはどうでしょう。あるいは、ふだんはなるべく抑えめに作り、時々たこ焼きパーティーなどを企画して、その時は思い切りたくさん作る、というのもいいかもしれません。

Kさんの悲しい記憶が、楽しい毎日が積み重なることで薄れ、消えていくまであと一歩。早くその日が来るように願っています。

わかりみ

時々たこ焼きパーティーなどを企画してみては？

お悩み

人の名前や顔が覚えられない

60代の無職女性。今の団地に住んで4年半。友達はたった1人だけ。顔見知りも5～6人しかいません。団地内ですれ違う人が初対面に見えます。テレビでもタレントさんが髪型を変えるだけで見分けがつかなくなります。治す方法はあるのでしょうか？

（大阪府・J子）

実は私もそう、工夫できることはあります

いきなりですが、人間の脳の働きの全体はまだよくわかっていません。ただ、その発達のバランスは人によっていろいろで、それによって得意なこと、不得意なこと、といったかたよりが起きることはたしかです。

人の名前と顔がなかなか一致せず覚えられないというあなたは、顔の特徴をパッととらえ、「これはあの人」と頭の中のリストと照らし合わせるのが苦手なのでしょう。どうしてそれがわかるかといえば、実は私もそうだからです。特に映画の中の人物の顔が見分けられず、「あれ、この人さっき死んだはずなのに、どうしてまた出てきたの？」な

どというのはしょっちゅう。あまりにわからないので、何度も目をこらしてパンフレットで確認し、隣の席の人から「静かにして」と注意されたこともあります……。

この脳の傾向がある日、突然、変化することは残念ながらないのですが、工夫できることはあります。

まず、「どうせまた覚えられない」と自己暗示をかけないこと。苦手意識がいっそうこの傾向を強めてしまいます。その逆、「きっと次は覚えられるよ」というポジティブなおまじないは効果的です。それから、全体を覚えるのが苦手な人でも、顔のポイントを覚えることはできるはず。「白髪」「鼻のわきにホクロ」「歯並びがよい」など部分的な特徴でその人をとらえるようにすれば、結構、覚えられるはずなのです。

そして、目で見て覚えることが苦手な人は、声などの音で覚える能力はすぐれている場合が多い。電話の声を聴けば「ああ、あの人」と

思い出せる、ということはないですか？　その長所もおおいに生かしましょう。

どうもあなたと私は似たもの同士のようです。顔を覚えるのが苦手な私も、こうして長年、工夫しながらなんとか医者をやっているのです。

あなたもきっと大丈夫ですよ！

わかりみ

きっと次は覚えられるよ

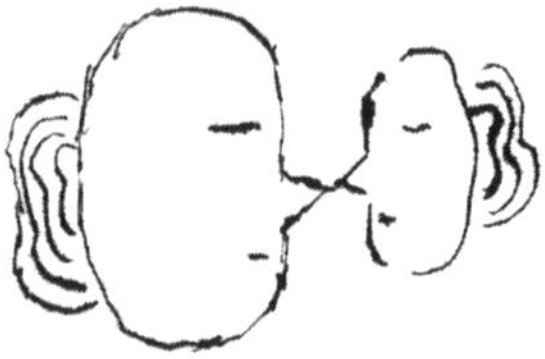

お悩み

超・アナログ人間です

36歳パート女性。私は、超アナログ人間です。現代のデジタル化についていけず、今もメール、スマホやLINEなどのツールはまったく使用していません。大好きな手紙を書くことは止められず、文通はしています。しかし周囲の人に「!?」という目で見られています。私は今風に変わったほうがよいのでしょうか?

（新潟県・A）

実は最近の学生さんの中でもアナログ回帰の人が多いです

36歳の「アナログ人間」さんからお手紙が来ました。LINEなどネットやスマホを使わないようで、まわりから「!?」という目で見られている、というのです。「えー、いいじゃない!」「その分、手紙書いたり本読んだりしてるんでしょう? スバラシイ」という声がいっせいに聞こえてきそうです。その通りだと思います。実は私は大学の教員もやっていて、今年は1年生全員をグループ分けして、「中高生に向けた正しいスマホの使い方」というガイドラインを作ってもらっています。すると、なんといちばん多いのが「中高生にはスマホは使わせない」「電話機能だけ」というルールを作ろう、という意見なのです。

まあこれは、ちょっとズルい気もします。なぜならこの大学１年生たちは、自分たちは子どもの頃からスマホをさんざん使ってきたからです。「自分より下の子には使わせない、ってひどいんじゃない？」と聞くと、ある学生が答えました。「でも私も、スマホ使ってＳＮＳなんかやってきて、よかったと思うことは１つもない。もっと時間を大切にして、人に会ったり本を読んだりすればよかったと思ってます」。

なかには、スマホは持っているけれどＳＮＳはすべてアカウントを消してしまった、という学生もいます。「大事なことは電話か対面で伝える」と昭和から来たようなことも言ってる男子学生もいました。その人たちにとっては、あなたの「アナログっていいよね」という意見は１００パーセント、受け入れられるでしょう。「それって遅れてるよ」などと言うのは、むしろ自分が情報に乗り遅れたくないと、あせっているハンパな大人だけなのです。

実は私も、最近はデジタルに依存する時間を意識的に減らし、紙の本を読んだりパソコンを使わずに文章を書いたりするようにしています。ネットであまりにもいろいろな情報にさらされているうちに、心がすっかりすり減っているな、というのをつくづく感じているからです。そういうわけで、今回、お手紙くださった「アナログ大好き人間」さんは、時代の最先端を行っているのです。自分におおいに自信を持って、これまでのように手紙、新聞、本などを愛し、自分の体をケアしてあげながら、楽しく手ごたえのある生活を送ってくださいね！

わかりみ

時代の最先端を行っています

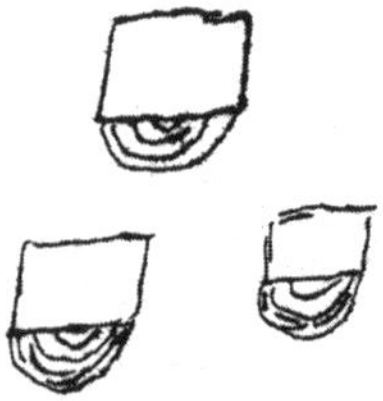

お悩み

自分の心の狭さに悩んでいます

31歳女性。バスや電車でお年寄りやヘルプマークの人が乗ってきて前に立つとイラッとしてしまいます。自分もやさしくされたいのに、人にやさしくするのは無理。女性誌とかだと〝ふんわりした雰囲気でやさしい〟女性とかが理想像と出ているので自分と比較してしまい、落ち込みます。

（岡山県・K・Y）

「綾瀬はるかっぽかったかな？」とか演じてみる

人にやさしくできない。全然、おかしなことじゃないです。とくに自分だって疲れている時には、誰かのために分けてあげるやさしさなんてなくて当然です。

「まず自分にやさしくしてあげて」と言いたいです。私の回答はこれで終わりなのですが、まだだいぶスペースが余っているのでもう少し書きます。「自分にやさしくするのが最優先」とは言いましたが、例えばバスや電車で席が空いたら全員が殺到、スーパーのレジの列にも横入り、お店で赤ちゃんが泣き出したら「ウルサイ！」と怒鳴る……そんな社会じゃ、誰もが心をすり減らしてしまいます。人にやさしくするのは、「みんながなるべくほんわかした気持ちですごせるように」という目的もあるわけですね。

では、どうすればいいのか。私の答えは、「やさしさの演技をする余裕がある時はする」ということです。このせちがらい現代に、「心からあふれるやさしさ」を追求するのはムリです。だとしたら、ときには「やさしい人っぽい人」を演じてみるのです。自分で自分のプロデューサーになって、「どうぞ」とお年寄りに席をゆずり、「どう？　今の私、綾瀬はるかっぽかったかな？」とチェック。そして、「次はお年寄りの肩にそっと手を添えたりしたら、もっといいかも」などと「それっぽい人」のバージョンをアップしていくのです。うまくできたら、心の中で自分に拍手。

私はこのことを精神科医の先輩から教わりました。「患者さんに共感する言葉や表情、それが最初からできる人はいない。まずは練習して演技でもいいんだ。そのうち何回に1回かは、心からできるようになっていくものだ」。私は「それでいいのか」と驚きましたが、結局は自分も、「やさしい精神科医っぽい人」の演技からスタートしたのです。

それでもやっぱり、いちばん大切なのは「自分にやさしくすること」。それなしでは演技にもみがきがかかりません。よく寝てよく休み、おいしいものを食べてドラマや映画を楽しむ。自分をくつろがせ、ねぎらってあげることを忘れないようにしてください。

わかりみ

大切なのは「自分にやさしくすること」

お悩み

年齢を理由にプロを諦めるべきかどうか

72歳男性。高2の時から作詞を始め今も続け、作曲とギターの弾き語りもします。1万曲は作りました。他人からは「趣味でいいのでは?」と言われます。このまま諦めるべきか悩んでいます。ちなみに亡き高倉健さんに似ていると言われます。

(山形県・I)

デビュー詐欺には要注意！

高校生の時から作詩を始め、シニアになった今も続けている。すごいですね。プロを目指したいとのこと、ステキな夢だと思います。

詩人の柴田トヨさんを知っていますか？　92歳で詩作を始め、99歳で出した詩集『くじけないで』が大きな話題を呼びました。人間、何歳になっても新しいことを始められるのですね。

でも2つだけ、精神科医としての経験からお話したいことがあります。1つは、「自費出版や芸能界デビューの詐欺に注意」ということです。私の患者さんの中でも、「本を出しませんか？」「俳優になりませんか？」などと声をかけられ、結局は高額な制作費やレッスン代を請求されただけで実現しなかった、という人が何人かいます。人の夢を利用してだますなんて最悪、と思いますが、世の中にはそういう悪い人が大勢いるのは事実です。それからもう1つ、夢はなかなか叶わないからこそ「夢」と呼ばれるのを忘れないでください。とくに詩人、作家、画家といったアート関係や、歌手、役者などの芸能関係の夢は、大勢の人が抱くものですが、めったに叶いません。もし、誰もが簡単に叶えたら、世の中は芸術家や芸能人だらけになってしまいます。

では、叶わない夢には意味がないのか。それは違います。「私は詩を作るのが大好き」と思い、「いつか大勢の人に読んでもらいたい」と熱い気持ちで作品を作ることは、必ずあなたに生きるエネルギーを与えてくれます。よく自治体などが「この町の歌を作るので歌詞を募集しています」といった広告を出していると思うので、そういうのをチェックして作品を作りつつ、「こんなにがんばってるオレってすごい」と自分をほめてあげてください。

夢は叶うからすばらしいのではなくて、持つこと自体がすばらしいのです。あきらめず、でも欲ばりすぎず、がんばってくださいね。

わかりみ

夢は持つこと自体がすばらしい

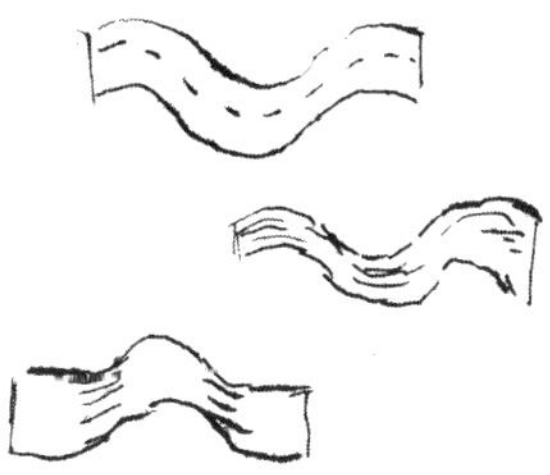

お悩み

働きたくない主婦です

44歳女性。18歳で結婚し、28歳で離婚。40歳までシングルマザーとして2人の子供を育てました。子供が独立したと同時に糸が切れたようにがんばる力が消えました。40歳で再婚したのですが、裕福でないのに働こうという気持ちになれません。どうすればいいのでしょう?

(広島県・M)

日本は「女性がラクをすること」に超キビシイ社会

シングルマザーとしてがんばってついに子供たちが独立。すごい。子供たちはそんなあなたに感謝していますか。再婚した夫は「がんばったねえ」とほめてくれていますか。もしかしたら、あなたはほめられたり、ねぎらわれたりが不足しているのではないでしょうか。

あなたに限らず、特に子供を持つ女性たちは「ほめられ不足」ですよね。このあいだツイッターを見ていたら、調理器を買いたいのに夫に交渉するのが半年かかった、という女性の投稿がありました。「高いね」などとゴネたのだそうです。女性は、「ウチにはもう調理器があるからです……察しのよいみなさん、わかりますよね？」と投稿を締めくくってました。夫は「高い調理器なんか買わなくても、キミが料理すればいいじゃないか」と思ってるわけです。日独ハーフのサンドラ・ヘフェリンさんという人が書いた『体育会系』というおもしろい新書にも、日本は「女性がラクをすること」に超キビシイ社会だと書かれてました。睡眠不足で料理を手作りし、食洗器も普及しないから食器も自分で洗い、職場では女性らしくきれいにすることを求められる。ドイツではありえないことなんだそうです。

そう考えると、あなたに必要なことは働くことよりまず、「これまでがんばったね」「よくやってくれてありがとう」というほめ言葉だと思われます。「ゆっくりしてね」というねぎらいの言葉も当然、必要です。でももし、誰もそう言ってくれないのだとしたら、まずは自分で自分に「ヨシヨシ、よくがんばった。しばらくゆっくりしていいよ」と声をかけたらどうでしょう。それで充分、体と心が休まったら、また「よし、ちょっと働いてみるか」という気にもなるはずです。再婚した夫にも思い切り甘えていいと思いますよ。だってあなたは、それだけのがんばりをしてきたのですから！

わかりみ

ヨシヨシ、よくがんばった。しばらくゆっくりして

お悩み

昔はよかったと思ってしまいます

32歳会社員女性。私は最近やたらと昔はよかったと思ってしまいます。今の風潮や流行にはついていけないというか。しかし過去の何がよかったかと考えても具体的には特にないのです。昔がよかったような気がしてユウウツになってしまうのはなぜでしょうか？

（岡山県・K）

「いま夢中になれること」を見つけるしかない

昔はよかった。そうですよね。私と同じですね。ボディコンスーツ、ディスコのお立ち台、スーパーカーでドライブ……。

えっ、違う？

でも「昔がよかった」って……あ、あなたは30代だったのですね。ということは、昔といってもおおむね2000年代あたりのことですか。私にとって昔とは80年代なので、すっかりその頃のことかと思ってしまいました。……というように、「昔はよかった」の昔って、人によって全然違いますよね。私のようなシニア間近の人にとっては、80年代やもっと前の70年代を「あの時代は最高！」と思っている。でも、あなたのような30代のヤング（失礼。でも私にとっては充分、若者です）にとっては、ゼロ年代、もしかすると10年前くらいが昔、ということなのかもしれません。

つまり、誰にとっても自分の若い頃は「あの時はよかった」と思えるのではないでしょうか。好奇心も旺盛、まだそれほど社会的な責任は重くなく、恋愛のチャンスもいっぱいあって、実際に好きな人や恋人がいた時代。その時に聴いた音楽、見た映画、行ったレストランなどがステキに思えるのは、当然のことですよね。

では、どうすれば昔じゃなくて、いまが「最高！」と思えるようになるのでしょう。私は、やっぱり自分が「いま夢中になれること」を見つけるしかない、と思います。別にそれは仕事とか勉強とか、世間的に意義があることじゃなくてもよいのです。海外ドラマにハマる、芸人さんに夢中になる、ヒミツの好きな人ができる、などなど。とにかく「そうか、私はもしかするとこのために生まれてきたのかも！」と思えるほどの何かがあれば、いまの時代がくっきりはっきり浮かび上がってきて、「いまが最高！」と思えますよ。

それに、もし「やっぱり昔はよかった」のままだっていいじゃないですか。私なんていまでも80年代の音楽聴いてその頃のドラマばっかり見てます。過去を生きる名人になるのも1つの手です。

わかりみ

いまが最高！

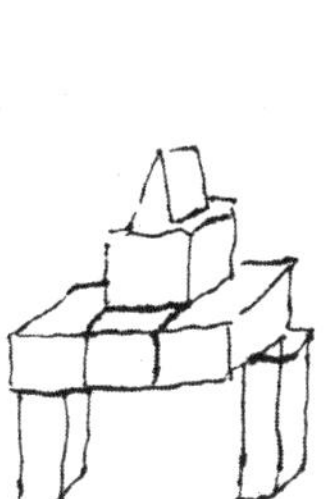

お悩み

片づけができなくて困っています

47歳療養中の女性。私は、うつ病で精神科にかかっています。片づけができず、別居している弟に、物を捨てられてしまいます。おばにも、毎日電話やLINEで片づけろと言われます。うつ病と片づけは関係ありますか？　理解してほしいです。

（埼玉県・Y・K）

片づけは人生のすべてではありません

うつ病で片づけができない、という相談です。

そう言うと、読者のみなさんからの「私はうつ病じゃないけど、片づけられないわ」という声が聞こえてきそうです。「片づけ」はちょっと大げさに言えば、人間にとって永遠のテーマなのではないでしょうか。でも、片づけは人生のすべてではありません。

ちょっと話はズレるようですが、アメリカの連続ドラマを見ると、私はいつも「アメリカの家ってどこも片づいてるなあ」と思います。アメリカ暮らしが長い友人に言わせれば、「日本はモノを床やソファーに置きすぎ。アメリカでは全部、棚やクローゼットに収納して、外にモノを出さないのが基本」だそうです。「とてもマネできない」と思いました。

しかし、ご存じでしょうか。いまアメリカで、『人生がときめく片づけの魔法』が超ベストセラーになった〝こんまり〟こと近藤麻理恵さんが大人気、ということを。彼女がアメリカの一般家庭を訪問し、不要なものを捨てながら片づけ法を伝える番組も大人気になっているそうです。私はそれを知った時、「なんだ、アメリカ人も片づけられないんじゃないか」とホッとしました。

たしかに片づけは大事だし、スッキリした部屋は気持ちもさっぱりさせてくれます。でも、片づけに人生を支配されてはいけません。あくまで「いちばん大事なのは自分、片づけはその次」です。自分が「いま片づけをしたらヘトヘトになりそう。それよりも休むことが大切」と思ったら、それでいいのです。うつ病療養中など、特にそういうこともも多いでしょう。「いま私に必要なのは休養」と思ったらそちらを優先しましょう。親族に怒られたら、「精神科の医者がそう言ってた」と伝えてください。

片づけで人生がときめくかもしれませんが、その前に、ときめきを感じられるよう、心のゆとりや健康を取り戻しましょう。片づけはそれからでも遅くありません。

わかりみ

〝ときめき〟を優先しよう！

お悩み

アラフィフなのにルッキズムがツライ

48歳の働いている女性。私の体型はＢＭＩ21〜22くらいで特に太っているわけではないのは分かっているのですが、ＢＭＩ20以下へのあこがれがとまりません。特にＳＮＳ時代。写真を撮られるたびに「もっといけているハズなのに」と落ち込みます。

（東京都・あちゃこ）

ほめ言葉でも外見に関する言葉をかけるのはやめるのが世界の流れ

ぜいたくな国だけの病気と言われてたけど、先輩が「飢餓があるような国ですら拒食症がある」と言ってたし、ルッキズム（外見至上主義）の根は深いですよね。

大学生の間でも「ミスコンはもうやめましょう」という流れになっているんですが、「まだやっている大学があるけどどう思う？」と学生に聞いたら、「かわいい子はかわいいんだから、いいじゃないですか」「努力してるからかわいいんですよ」というような返答がありました。おどろいたのは、男子だけでなく女子もそのように話していたことです。アプリで加工しまくって実物と違う写真をＳＮＳにアップしていても、それでお金を騙し取るなら悪だけど、相手も気持ちよく好印象を持ってくれるなら何も悪くないって考え方もあります。

それも一理あるけど、結局自分の首を絞めるのかもしれないですよね。〝いつもかわいくしないといけない〟と無理をしたり、〝私はそんなにかわいくないからヒドイ扱いを受けて当然〟と感じて傷つくこともあるでしょう。自分にとっていいことではないんじゃないか、と思うのです。

日本のルッキズムの流れは本当に強烈ですよね。しかも、世界の流れに逆行しています。以前、オバマさんが大統領になったとき、アメリカの最高裁判事に就任した女性に「才色兼備」と発言したのですよね。それに対するクレームが相次いで、オバマさんは結局、「外見ではなく仕事が素晴らしいというべきでした」と謝罪しました。トランプさんが就任したときも、フランスのマクロン大統領夫人に「スタイルがいいね」といった声をかけて、大きな問題になりました。トランプさんは「ほめたんだからいいだろう」と謝罪することもなかったんですけどね。

美しさを生かしてお仕事にしているモデルさんや女優さんもいますし、〝いきすぎた考えじゃないか〟とする意見もありますが、よきにつけ悪しきにつけ、〝たとえほめ言葉でも外見に関する言葉をかけるのはやめよう〟という世界の考えに乗っかって、価値観をアップデートさせるのはどうでしょうか？　もっとグローバルな視点を取り入れてみるのもいいのかもしれません。

わかりみ

グローバルに価値観をアップデート！

お悩み

発達障害と診断されました

36歳の会社員男性。発達障害であると診断が下ったのは35歳の時。マスコミ等で「発達障害」について取り上げられるようになっていたので、生まれた時から生きづらさに悩んでいたので、診てもらいました。知った時にはホッとした一方で、転職回数が多く、今の会社でも失敗ばかり……どう生きていくべきかアドバイスをください。

（大阪府・O）

ひと工夫するだけでぐっと生活や仕事がしやすくなります

昨年、「発達障害」という診断が下された、という36歳。これまで仕事がうまくいかず、何度も転職を繰り返したようですが、原因がわかってまずはよかったじゃないですか。転職が多いのはあなた自身の性格やがんばり不足のせいじゃなかったのです。

私の診察室にも「別の病院で発達障害といわれた。ショックです。セカンドオピニオンお願いします」という方がときどきやってきますが、「もしそうだったとしてもショックを受ける必要はないですよ」と伝えます。「不調はそのせいなんだ」と思うことで気がちょっとラクになり、どういう対策を取ればいいかもわかるからです。

最近は、「頭の中が整理できない。優先順位がつけられない」というADHDという発達障害のタイプによく効く薬もできてきています。また、本やネットには「こうすれば発達障害の人もたちもうまく生きられる」という〝お役立ち情報〟もいっぱい。付せんやホワイトボードをうまく使ったり、職場で質問するときも「これとこれは終わりましたが、あとはどれをやればいいですか？」など具体的にきいたりとか、ひと工夫するだけでぐっと生活や仕事がしやすくなることも多いのです。

そして、もうひとつ。発達障害といわれる人たちと接していていつも思うのは、「心や脳の発達の仕方って人それぞれ。本当の意味で〝正常〟ってないよなあ」ということ。なんでも先のばししたり、逆にせっかちすぎたり、ひとの気持ちがわからなかったり、逆に考えすぎて煮詰まったり。誰もがクセを持っていて、それをいちいち「あの人は発達障害だ。ほかの人とは違う！」と決めつけなくてもいいのに、と思うこともあります。

つまり、発達障害という診断名は、あなたが「そう考えておいた方が都合がよさそう」というときだけ、うまく使えばいいのです。治療がラクになる場合は迷わず受けて、あとはあまりとらわれずに自分らしく毎日を送ってください。

わかりみ

とらわれずに自分らしく

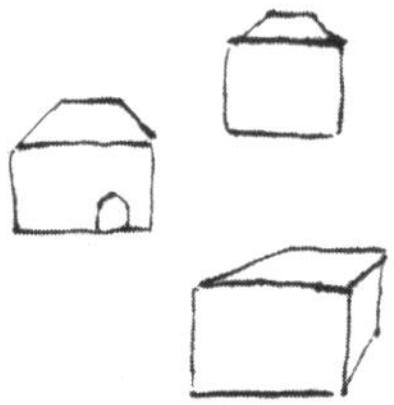

お悩み

うつになる前の自分に戻りたい

37歳の主婦。うつになって8年。病院を転々とし、薬もいろいろと変えてきましたが、なかなかよくなりません。情けないですが、最近は午前中寝て、昼からでないと動きはじめることができなくなってしまいました。時々、希死念慮もあり、辛くて仕方ないです。うつになる前のようになりたいのですが、これ以上、どうしたらよいか分かりません。

（岐阜県・S・O）

病になってからできるようになったことに目を向けてみませんか？

これはね、一歩引いた視点で考えてみてほしいんですよね。たとえば私の患者さんでも、10年前までは大企業でバリバリはたらいていたっていう人がいるんですよ。「あの時代にまた戻りたいです」って言うんだけど、私なんかから見ると、今のその人のほうが共感できるし、その人らしさが出て魅力的だなと思う。やさしい気持ちを失って、人を蹴落としながらはたらいていた頃よりも。本人はその頃のほうが輝いていたって言うかもしれませんが。

周りから見たら、意外とそうでもないことってあります。前はいつも忙しそうで余裕もなさそうだったけど、今のほうがソフトで話しやすくなったよね、とか。周りにいる人たちのそういう声にも気づいてほしいなと思います。誰もが〝前のほうがよかった〟って感じているわけではないと思うんですよ。

自分でも、病気になってから家族とか知り合いの本当のやさしさがわかったとか、長くつきあっていける友達ができたとか、時間の余裕ができて季節のうつりかわりがわかるようになったとか、そういうことが必ずあるはずなんですよ。病になってから気づいたことや、できるようになったこと、そういうポジティブ要素も探してほしいなと思います。もちろん、つらい症状は改善したほうがいいし、病院も転々としているということで、ちゃんと自分にあった病院が見つかればいいなと思いますけども。

午前中寝ていたって、それは情けないことではありません。何時まで寝ているのはだらしないとか、強迫観念みたいなものにしばられすぎないことも大切。ほんと、その人のライフスタイルでいいと思うんです。「専業主婦してるけどごはんが作れない」というお母さんがいて、「ごめんね、今日はごはんの支度ができないから、ピザをとろうか」って話したら、子供は「やったー!」って喜んだとか話していて。そんなもんですよ、って伝えたんですけどね。子供が本当にそれを求めているのかって言ったら、そうじゃなかったりもする。自分がこうじゃないとダメっていうことに、とらわれなくてもいいと思いますよ。

わかりみ

今の自分だって輝いてる

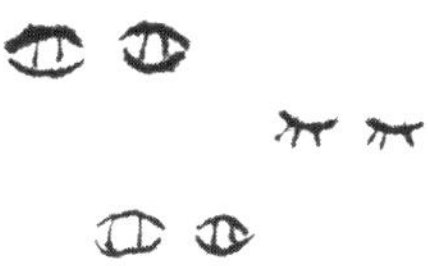

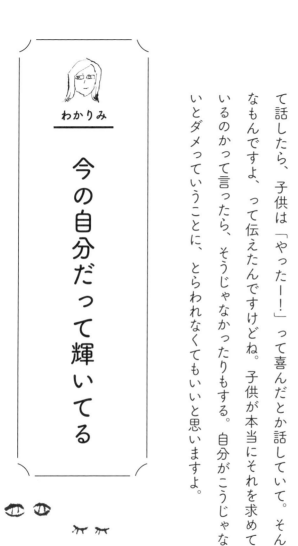

お悩み

怒りをうまくコントロールできず大声を出したりします

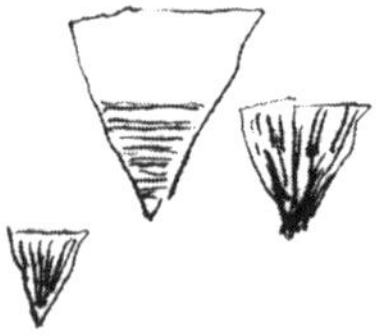

30歳女性。普段の自分はおだやかなほうですが、1度怒り出すとまわりが手をつけられないほどに怒り狂います。相手をなじり続け、大声を出したり物に当たったりします。飼い猫たちもおびえるくらいです。怒りをコントロールする方法が知りたいです。

（東京都・ありんこ）

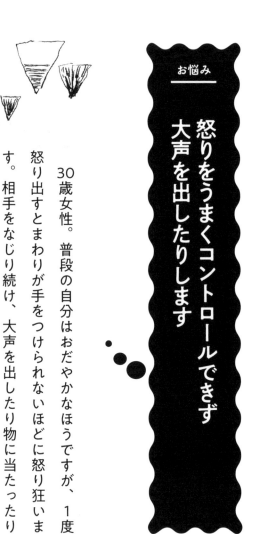

そもそも怒っちゃダメなんですかね

怒りをコントロールできないという悩みですが、そもそも怒っちゃダメなんですかね。私たちはふだん「怒り足りない」と思いますよ。あなたも「ふだんはおだやかな方」ということです。まわりからも「やさしくていい人」と評価されているのでしょう。

でも、あなたはふだんからきっといろいろとがまんしているのではないでしょうか。職場や地域や家庭で何かあっても、「また一方的に怒られちゃった。でもきっと私が悪いんだから仕方ない」「職場で仕事を押しつけられたけど、断ったらクビになるし」と、何も言い返さずに「すみません」「わかりました」とのみ込んでいるのかもしれません。本当は、そういう時も怒っていいんですよ。もちろん大声で怒鳴る必要はないですけど、あとから自己嫌悪に陥るほどの大爆発をしないためには、むしろふだんから「怒りの小出し」をすることを考えるべきなのではないでしょうか。

もちろん、突然、乱暴な口調で大声を上げるのは逆効果なので、ちょっとした工夫は必要です。まずはいったん相手の話を引き取る。その場合、「ハイ」などではなく「なるほど」「そうですか」くらいがおすすめ。そして、「ちょっとよろしいですか。私、それには納得できません」と静かに、でもはっきりと自分の気持ちを述べるのです。相手は「どうして?」などと聞いてくるかもしれませんが、それには「これ以上の作業を1人でやるのは無理です」などと理由を短く述べればオッケー。あれこれ説明しなくても大丈夫です。

こうやって「怒りの小出し」ができるようになれば、突然の大爆発はきっとなくなりますよ。あなたはこれまで、じっとがまんして損をしすぎたのです。作家の曽野綾子さんの本のタイトルをあなたに贈りましょう。「『いい人』をやめると楽になる」。まさにこれです。

わかりみ

『いい人』を やめると楽になる

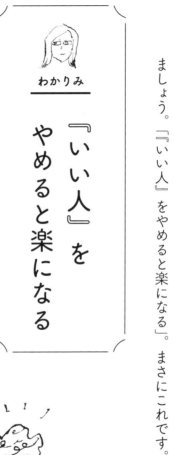

お悩み

人生がつらいことばかりです

36歳無職の女性。父親のDV・ストーカー行為、両親の離婚、学生時代のいじめ。精神疾患もわずらっています。足には腫瘍、胸には線維腺腫ができ、不安です。病院では理不尽な目にあいやすく怖いです。未来に希望も持てません。救いがほしいです。

（栃木県・I・W）

「なんとかしたい」と自分で考えることに実は救いや希望がある

人生つらいことばかり。救いがほしい。そんな相談が来ました。30代の女性のようです。

私はこの人はえらい、と感心しました。だって、自分の悩みをしっかり見つめ、こうやって相談のハガキを書こうとしているわけですから。

精神科の診察室にも同じような悩みの方はときどき来ますが、その人たちはクリニックに来る前に、「あなたを救います」という何かにすがり、そして「だまされた」とよけいに傷ついています。〝何か〟は人それぞれ。宗教だったり、魔よけのお札だったり、開運グッズだったり。

たいていは高いお金がかかります。

ある人は、手相を見てもらったら「おそろしい運命の手相だ。これを変えるには、この先生の道場に通うしかない」と言われ、それから何十万円もの参加料を払って、座禅道場に通って先生の話を聞きました。でも、そこでの話はどれも薄っぺらく、まったく運もよくなりません。「もしかしてだまされただけかも」と気づいた時には、百万円以上のお金を使っていたのです。それでますます気持ちが落ち込み、私の診察室に来たのですが、どうやって励ましてよいかもわかりませんでした。

あなたは安易に救いを求めて何かにすがることなく、「なんとかしたい」と自分で考えている。そこに実は救いや希望があります。「病院が怖い」とのことですが、それはあなたを怖い目にあわせる病院や医者が悪いのです。でも、そんな人ばかりではありません。これからきっと、よい医者や看護婦さんに出会えますよ。

そして、少し落ち着いたら、短時間でもいいので老人ホームや子供会などでボランティアをすればいいと思います。誰かの役に立ち「ありがとう」と言われると、とてもうれしい気持ちになって、自信が湧いてきて人生に前向きに取り組めるようになるはず。つらくても1本、芯が通ったあなたを救うのは、きっとあなた自身です。応援していますよ。

わかりみ

とても小さなことでいいので誰かの役に立ってみては？

香山リカよりみなさまへ
～わかりみが深いココロのお話～お悩み相談エトセトラ

人生相談でこころがけていること

そのお悩みについて、どれくらいのつらさで悩んでいるのかは、本人じゃないとわからないと思うんです。こちらから見たら大したことではなくても、その人にとっては大きな悩みだったりする。だから、私だったらこう感じるとか、私だったらこうするとか、自分を引き合いには出さないようにしていますね。

反省することも多いですよ。歯が痛いという人に「歯ぐらい、たいしたことないですよ」と言ったのに、自分も歯が痛くなったとき、大した痛みではないのに「あ、こんなにつらいんだ」と思ったりしてね。

その繰り返しです。

どんなときも一期一会でお迎えする

「一期一会」って言葉でいうのは簡単だけど、意識しないと忘れがちですね。

たとえば、うつ病の症状を訴える人が3人いたとします。私には同じような悩みに思えたとしても、その方たちにとっては、他に何人いようと関係ない。だから、「うつ病だと思いますよ」と伝えてびっくりされたりすると、こちらのほうが〝この人がそう言われたのは生まれて初めてなんだ〟とハッとしたりします。

へんな話、ホストという職業の人たちは、10人お客さんがいたとして、その1人ひとりに「あなたを待っていました!」と声をかけるんですよね。それはすごいなと。そこまではいかなくとも、私も相談者さんたちの悩みは決して10人のうちのひとりではないと思っているんですよ。だから、できるだけ個人の悩みに寄り添うようにしています。”先生は私のことを待っていてくれたし、いちばん話を聞いてくれたんじゃないか“って思ってもらえたらいいなと、いつも思っています。

病院の診察時間って1人20分くらいしかないんです。でも、20分間も自分のことを話し続けることって日常のなかでそんなにありませんよね。遠慮せず、話の順番がまとまってなくてもいいから、なんでも話してもらっていいんですよ。このお悩み相談も、800字とスペースは限られていますけど、その人のためだけに800字答えることを大事にしています。

印象深い人生相談

『懸賞なび』に投稿される方って、すごくまじめに生きてるんだなあといつも思いますよ。この前も〝怒りをコントロールできない〟というお悩みがあって、どんな時にも怒っちゃうのかなと思ったら、全然そんなことはない。いろいろ抱えている悩みはあるのに、普段は不機嫌になることやわがままになることを抑えていて、〝いい人〟、〝おだやかな人〟で通っている。そのがまんの積み重ねが、自宅にいるときに爆発しちゃうっていうね。

イヤなときはイヤと言ってもいいし、「困ります」「できません」と断ってもいいのになって思います。そういう人たちがけっこういますよね。このお悩みを受けたときに、そう思いました。

世の中では、わがまま放題でいばっている人のほうが好きなように生きていて、自分の気持ちを抑えてがまんして、家で時々怒りを爆発してる人のほうが損をしている。理不尽だなあと思います。

悩んでいるときに必要なのは、立派な格言でも、素敵な文学でもない

私自身が気晴らしをしたり、コンディションを整えておくことは大切にしています。こちらは「それでいいんじゃないですか」とか、「そこまで考えなくていいと思いますよ」とか、ひとことふたこと話すくらいで、気の利いたフレーズを言おうなんて考えていないんですけどね。それでもやっぱり、相手に寄り添いながらお話を聞いて、十分に話してもらうためには、心に余裕を持っておくことが大切だと思うのでね。

誰かが言っていたけど、よく寝ることとか、体調を整えることをしていないと、何にしてもうまくいきにくいと思います。災害に遭った人たちのためのサイコロジカル・ファーストエイド（心理的応急処置）っていう世界的なガイドラインがあって、そこでも、とにかく安全なところにお連れしてあたたかくしてもらうっていう物理的なケアがほと

んど。心のケアをしすぎるのは有害ってはっきり書かれてあるんですよね。本人がしゃべりたければいいけど、こちらから声をかけすぎるのはむしろよくない。心の専門家って何なんだろうって、虚しくなりますけれども。

悩んでいるときに必要なのは、立派な格言でも、素敵な文学でもない。おいしくて消化のいいごはんを食べるとか、あたたかくて衛生的な場所で眠るとか、そういった基本的な生活の安心安全なんですよ。

先行き不透明な時代で私もココロが削られています

全体的に地盤沈下していますよね。たとえば、この前まで夏休みがありましたけど、せっかくお休みがあっても、どこにも行っちゃいけないって言われたら、むしろ気持ちが下がりますよね。私もたまに、〝あ～つかれた。土曜の夜くらい映画を観に行こうか〟と思うことがありますけど、〝そうだ、できないんだ〟って気づくと、なんとも言えずしょんぼりしますよね。その日が楽しければいいっていう楽天的な私ですら、落ちこむくらいですから。日常の小さな現実逃避が、私たちの生活でいかに大きかったのか、それに気づかされた人は多いと思います。それができない毎日が繰り返されると、やっぱり心がどんどん削られていきますよ。

先行き不透明なことへの不安も大きいですしね。こちらとしては、お悩みを持つ人たちに、目標をもつことで自信を取り戻してほしいと思うんですが、目標を持ちづらくなっている。たとえば、TOEICでいい点数を取っても、留学できるわけではなさそうだし。資格を取っても、それを生かせる仕事がこの先続くかどうかわからない。「そんなことして何になるんですか」と言われると、もう何も答えられません。ほんとに厳しいですね。

コロナ後の時代、大切になっていく考え方

人にどう見られているとか、地位や肩書き、見栄みたいなものは、すごく脆くて、ちょっとしたことでなくなってしまうことに、コロナ禍で気づいた人はいるかもしれませんね。たとえば、誰もが知っている大企業でも、インバウンドがなくなったらガタガタになってしまった、という話はよく聞くじゃないですか。東京の一等地に住んでいても、身動きできない今では人が多すぎるだけでメリットがないとかね。〝こうじゃなきゃ〟とか、〝こう思われたい〟とか、周りからの評価にとらわれてもいいことがないよねってことがわかってきたというか。そういった既成概念から解放されて、動きやすくなった人も多いんじゃないですかね。

「役に立つ幻想」にとらわれすぎないで

私自身、本当にこれは私のやりたいことだろうかって考えちゃうことがありますよ。大学で授業をしていますが、オンラインでカメラに向かって話しているばかりだと、〝これって人を育てることになっているのかな〟と考えちゃいますよね。それこそ、作物をつくる農業とか、そのほうがよっぽど世の中の役に立ってるんじゃないかと。だけどね、自分で言っておいて否定しますけど、役に立たなきゃいけないっていうのは「役に立つ幻想」みたいなものなんですよ。社会の役に立っている人が偉くて、役に立ってない人はもはや生きる価値がないとか、そういうことにとらわれがちなんですよね。１９８０年以降に自己啓発や自分探しっていうワードが出てきてから、なんのために生まれてきたのかを考えなくちゃいけなくなってしまった。「あなたは使命を受けてこの世に生まれてきたんだ」とか言われすぎて、それに毒されているのです。

「生まれたから、ただ生きる」だけでいい

『ゲゲゲの女房』っていう、水木しげるさんの妻、武良布枝さんの自伝があるじゃないですか。そこに「生まれてきたから生きている」って妻を評した水木さんの言葉が書いてあったんです。学生にもよく話すんですが、本来は人間って「生まれたから、ただ生きる」だけでいいと思うんです。猫は、自分の役割なんて考えませんよね。それが生き物本来の姿だと思いますよ。

コロナ禍で、医療に従事している人たちの大変な状況があるなかで、自分自身の立場を考えたときに、果たして社会の役に立てているのかって考えざるを得ないのはしんどいですよね。もちろん、それで社会が発展した時代もありましたけど、今の時代は自分を苦しめることにも

なっている。〝所詮は生まれたから生きてるだけだよ！〟みたいに、楽しんで生きようとする精神があってもいいと思いますけどね。

悩める読者にアドバイス

今はみんな、自分のことに精一杯でね。昔は、お互いにほめたり喜ばせたりできる、心に余裕のある時代もあったと思うんですよ。でも今は、それを望んでもなかなか手に入らない。だからせめて、自分で自分に楽しみを与えたりして、自分で自分のお世話をするのがいいかなあと思いますね。

お便りをくださる方も、本を読んでくださる方も、自分はどう生きたらいいのかと問いかけているだけでも、ものすごくやさしくてまじめで誠実な人だと思うんですよ。世の中には、たくさんの人に迷惑をかけているのに、悩むことすらしない人も多いのでね。だから、そのよさは失わなくていいのです。そのうえで、こんなふうにまじめに悩める自分はすごく素敵じゃないかって自分を認めることも忘れないで、そしてたまには、自分がちょっとご機嫌になるような楽しみを見つけて。自分をおだてたり、くつろがせたりしてあげてほしいなと思います。

あとがき

――いろいろな人のお悩みに答えるあなたには、悩みはないの？

よくそんな質問をされます。私はいつもこう答えます。

――あるに決まってるじゃないですか。私なんて悩みだらけですよ。

でも、自分の悩みを解決してなくても、ひとの悩みには答えられるものなんです。トリプルルッツが飛べない人でも、フィギュアスケートのコーチはできるでしょ？

このたとえは正しいかどうかはわかりませんが、それほど間違ってはいないはず。逆に言えば、相談者さんには「こう考えたらどうでしょう」とアドバイスできても、自分からはなかなかできないものなのです。やっぱり「誰かからそう言われる」って大事なんですよね。

この本を読んでくださった方も、「なんだ、カヤマって人、あたりまえのことしか言ってないじゃん」と思ったかもしれません。でも、その「あたりまえのこと」を言ってくれる人って意外にいないのです。「だいじょうぶですよ」「がんばってますね」「あなたが悪いわけじゃないです」「ムリしすぎないで」「もっと自分にやさしくなりましょう」。そんな言葉を誰かからかけられたら、もしかして「それでいいんだ」とホッとしてくれる人がいるんじゃないかな。私はそう思ってます。

このトシになると、なかなかまわりの人から「がんばりましたね」などとは言ってもらえない私ですが、『懸賞なび』の連載で回答の原稿を送ると、白夜書房編集部の森田紀子さんはいつも、「いいじゃないですか。これでいきましょう」などとホメてくれます。しかも、ある日、「この連載、本にまとめましょうよ！きっと読みたい人がいますよ！」と言ってくれ、そしてこの本ができました。本当にうれしかったです。森田さん、ありがとうございました。

みなさんも、どうかまわりの家族、友だち、同僚などに、「よくやってますね」「がんばりすぎないで」などと声をかけてあげてください。そして、誰かからホメられたりねぎらわれたりしたら、「そんなことないです」と否定なんかせずに、「うれしいです！ありがとうございます！」とちょっと大げさに喜んであげてください。そうしたら、きっとまたホメてくれますよ。

寄り添い合い、わかり合い、ときには同情したりなぐさめたり、うまくできたときはおおいにほめたり喜んだり、お互いにちょっとだけ気持ちのエネルギーを使うだけで、きっと世の中、いまよりもっとやさしい空気になると思うのです。

これからもいっしょに「すごい！」「ありがとう！あなたも！」と言い合って、楽しく生きていきましょう。

香山リカ

Rika Kayama

精神科医、立教大学現代心理学部教授。1960年北海道生まれ。東京医科大学卒業。精神科医として病院での診察に携わるかたわら、豊富な臨床経験を活かし、幅広いジャンルで評論、執筆活動を展開している。専門は精神病理学。毎日新聞「ココロの万華鏡」、北海道新聞「ふわっとライフ」、創「こころの時代」解体新書、共同通信「てのひら診察室」などの連載のほか、近著に『「発達障害」と言いたがる人たち』(SB新書)、佐藤優との共著『不条理を生きるチカラ』(ビジネス社)、徳田安春との共著『医療現場からみた新型コロナウイルス』など、著書多数。

精神科医・香山リカのわかりみが深いココロの話

2021年9月21日　第1刷発行

著者　香山リカ
編集人　森田紀子
構成協力　吉田あき
編集協力　懸賞なび編集部
デザイン　大塚勤(Comboin)
イラスト　オオツカユキコ
発行人　田中辰彦
発行所　株式会社 白夜書房
〒171-0033　東京都豊島区高田3-10-12
電話：編集部　03-5292-7723
　　　営業部　03-5292-7751
http://www.byakuya-shobo.co.jp/
印刷・製本　株式会社 暁印刷

※本書は、月刊誌『懸賞なび』2018年11月号～2021年11月号で
掲載された連載を一部修正し、新規原稿を加えたものです。

ISBN978-4-86494-347-5